1226.
Z.z.i.a.1

1125

GRAMMAIRE

FRANÇAISE.

Autres Ouvrages de M. Clouzet aîné.

DIVISION DE LA GRAMMAIRE, ou Plan d'une Grammaire complète de la langue française.

INTRODUCTION A L'ÉTUDE DE LA GRAMMAIRE FRANÇAISE, ou Exercices d'Orthographe, pour le 1er. et le 2e. âge, et en général pour tout commençant. — Ouvrage dédié aux Mères de famille qui veulent commencer elles-mêmes l'instruction de leurs enfants.

EXERCICES DE PRONONCIATION FRANÇAISE, à l'usage des Étrangers, des Enfants, et des Personnes qui ont quelque vice de prononciation.

TABLEAU SYNOPTIQUE DES QUATRE CONJUGAISONS et des différentes espèces de verbes de la langue française.

MÉCANISME DE LA CONJUGAISON FRANÇAISE, et Application de ce mécanisme à plus de 1600 verbes considérés, mal-à-propos, par la plupart des Grammairiens, comme difficiles ou irréguliers.

DE L'ANALYSE GRAMMATICALE.

PETIT TRAITÉ-PRATIQUE DES PARTICIPES.

PROGRAMME DE QUESTIONS sur la Grammaire française de M. Clouzet aîné.

RESUMÉ DES PRINCIPES DE LA STÉNOGRAPHIE (système d'Aimé Paris). — 2e. édition.

MÉLANGES EN PROSE ET EN VERS, écrits en caractères sténographiques (d'après le système de Bertin).

PENSÉES MORALES ET POÉSIES, écrites en caractères sténographiques (d'après le système d'Aimé Paris).

JEU DE TOUT UN PEU. — Jeu amusant et instructif pour tous les âges, dédié à ses élèves.

ÉCHELLE DES PEUPLES, ou Époques de leur origine.

GRAMMAIRE
FRANÇAISE

Sur un Plan entièrement nouveau,

DIVISÉE EN CINQ PARTIES :

CONJUGAISON, ANALYSE GRAMMATICALE, ANALYSE LOGIQUE, ORTHOGRAPHE, ET ORTHOLOGIE.

PAR

P.-A. CLOUZET AÎNÉ,

Professeur, et Auteur de différents ouvrages didactiques,
l'un des Directeurs de l'Institut d'Enseignement positif,
Et Auteur du Plan d'Instruction suivi dans cet Etablissement.

PRIX : **1** fr. **50** c.

Il n'y a plus de mérite à connaître la Grammaire,
mais il y a de la honte à l'ignorer.

A BORDEAUX,

Chez l'AUTEUR, rue du Cahernan, n°. 36,
Et chez les principaux Libraires.

1835.

Bordeaux : Impr. d'H. GAZAY et Cᵉ., r. du Pas-St-Georges. 27

PRÉFACE.

———

La plupart des grammaires pèchent par le *plan* et par la *rédaction*, choses cependant indispensables dans les ouvrages destinés à l'enseignement. Une expérience de plusieurs années m'a convaincu qu'une grammaire doit avoir plus de divisions qu'elles n'en ont ordinairement; ainsi la *Conjugaison*, l'*Analyse grammaticale*, l'*Orthographe* surtout doivent être traitées séparément et former autant de parties distinctes; et puisque la Grammaire est l'art de *parler* et d'*écrire* correctement, pourquoi mêler sans cesse ces deux choses, si différentes de leur nature? D'ailleurs cette division de la Grammaire en langue parlée (ou *Orthologie*) et en langue écrite (ou *Orthographe*) simplifie l'enseignement et permet de le mieux graduer : en effet, l'Orthographe est moins difficile, parce que cette partie est moins longue, et qu'elle est du ressort des yeux; mais ce qui doit surtout la faire détacher de l'Orthologie, c'est qu'elle est d'une utilité plus générale, et que le besoin s'en fait sentir avec plus de force. La langue parlée est un instrument que nous manions depuis notre enfance; la pratique de tous les jours et la lecture le per-

fectionnent à notre insu et sans effort. Il n'en est
pas de même de la langue écrite : ici , tout doit
être appris, car les difficultés viennent nous arrêter
à chaque mot, et nous sommes d'autant plus ti-
mides que la langue écrite laisse des traces qui peuvent témoigner de notre ignorance.

Quant à la *rédaction*, les grammaires sont loin
d'être écrites avec cette simplicité si desirable dans
les ouvrages didactiques. Les définitions sont en
général conçues dans des termes qui ont besoin
d'être eux-mêmes définis, défaut bien grave, quoique très-commun , et que ne soupçonnent même
pas les auteurs de ces ouvrages, parce que l'esprit
de celui qui *sait* descend rarement pour se mettre
à la portée de celui *qui ne sait pas*. De plus , des
questions oiseuses occupent la place des choses
utiles , et les règles reposent sur des théories d'un
ordre si élevé que ces théories supposent une
grande habitude du raisonnement et de cette analyse rigoureuse qui tend à faire de la Grammaire
une science presque exacte.

Enfin les exemples cités à l'appui des règles sont
trop longs ; le sujet et le style en sont trop élevés
ou trop abstraits , la plupart étant pris dans les
poètes , les orateurs , et les moralistes.

J'ai cherché, dans cet ouvrage , à éviter les
défauts signalés ici. Voici le plan que j'ai suivi.

Cette Grammaire est divisée en 5 parties, qui
donnent la solution d'autant de problêmes géné-

raux auxquels se rapportent toutes les difficultés grammaticales.

1ʳᵉ. PARTIE : CONJUGAISON. *Un verbe quelconque* (régulier ou irrégulier, actif, passif ou autre), *étant donné, le faire passer par toutes ses formes,* en un mot *le conjuguer.*

(Quoique la Conjugaison appartienne à l'Orthographe et à l'Orthologie, objets de la 4ᵐᵉ. et de la 5ᵐᵉ. partie, elle a été placée en tête de la Grammaire, parce que la *Conjugaison est l'âme des langues.* On ne saurait donc en acquérir trop tôt la connaissance.)

2ᵐᵉ. PARTIE : ANALYSE GRAMMATICALE. *Une phrase étant donnée, rendre compte de tous les mots qui la composent, considérant ces mots d'abord* isolément, *ensuite* en rapport *les uns avec les autres.*

3ᵐᵉ. PARTIE : ANALYSE LOGIQUE. *Une proposition étant donnée, en désigner* les parties essentielles; *puis considérer la proposition dans* son ensemble; *et enfin dans* ses rapports *avec les autres propositions.*

(L'Analyse grammaticale et l'Analyse logique doivent précéder l'étude de l'Orthographe de principes et de l'Orthologie, car sans cette préparation, il est impossible de comprendre le *langage grammatical.*)

4ᵐᵉ. PARTIE : ORTHOGRAPHE DE PRIN-

CIPES. *Une phrase étant dictée,* l'écrire *avec exactitude.*

5ᵐᵉ. PARTIE : **ORTHOLOGIE.** *Une pensée se présentant à l'esprit, l'exprimer avec correction,* tant pour l'emploi des mots *que pour leur* construction.

Ces 5 parties sont précédées de NOTIONS PRÉLIMINAIRES dont la plupart, quoique utiles, ne se trouvent pas dans les ouvrages élémentaires.

———

La *Conjugaison* est traitée d'une manière tout-à-fait *neuve et complète.* (Voyez la note de la page 33.)

On trouvera dans l'*Analyse grammaticale* des observations qui n'avaient pas encore été faites dans les traités spéciaux sur cette matière. Les *Tables* des adjectifs, des pronoms, des prépositions, etc., etc., sont complètes. Enfin un nouveau *Modèle d'analyse* termine cette partie si importante.

L'*Analyse logique* est présentée d'une manière plus complète et moins diffuse. Une nouvelle *Méthode d'analyse* plus simple et plus rapide termine aussi ce traité.

Je ferai remarquer que dans l'*Orthographe de principes* je n'ai pas cru devoir adopter sur le participe passé la *règle unique* qu'on trouve dans certaines grammaires, parce que cette prétendue *règle unique* est complexe, puisque le participe passé s'accorde ou avec son sujet ou avec son régime direct; ce sont *deux faits* qu'il est impossible de confondre en un seul. — J'ai évité également de trop généraliser, parce que cette manière de procéder ne convient qu'à un petit nombre d'esprits, et exige d'ailleurs la connaissance préalable des faits nombreux qui conduisent à la généralisation.

J'ai eu soin de marquer d'un * ce qui, au début de l'instruction grammaticale, doit être passé, surtout dans les *Notions préliminaires*.

ERRATA.

Page 8, ligne 13, aux articulations palatales, effacez *t. d.*

P. 12, 2ᵉ. colonne, au Participe passé, au lieu de : *aimé, aimées*, lisez : *aimé, aimée.*

P. 81, avant-dernière ligne, au lieu de : *que vous veniez me voir*, lisez : *que vous soyez venu me voir.*

P. 86, ligne 15, avant le mot *Remarque*, écrivez le chiffre 10.

P. 87, ligne 22, au lieu de : 19, lisez : 17.

P. 92, ligne 27, au lieu de : *en genre et nombre*, lisez : *en genre et en nombre.*

P. 93, ligne 13, au lieu de : *quoiqu'elle fut vêtue*, lisez : *quoiqu'elle fût vêtue.*

P. 93, ligne 21, au lieu de : *Dieu, exige*, lisez : *Dieu exige.*

P. 109, avant-dernière ligne, au lieu de : *aïe!* lisez : *aïe!*

P. 110, dernière ligne avant la note, au lieu de : *poètique*, lisez : *poétique.*

P. 111, dernière ligne, au lieu de : *ce sort là vos gens*, lisez : *ce sont là vos gens.*

P. 114, ligne 31, au lieu de : *les uns aux autres*, lisez : *les unes aux autres.*

GRAMMAIRE

FRANÇAISE.

DE LA GRAMMAIRE, COMMENT ON LA DIVISE.

1. La Grammaire est l'art de parler et d'écrire correctement.

* 2. La Grammaire se divise donc en 2 parties principales : l'art de parler ou *Orthologie*, et l'art d'écrire ou *Orthographe*.

* 3. Voici l'ordre à suivre dans l'étude de la Grammaire : on doit d'abord s'occuper de la *Conjugaison*, qui appartient à l'orthologie et à l'orthographe, et dont la connaissance ne saurait trop tôt s'acquérir : car la conjugaison est l'âme des langues.

Puis on passera à l'*Analyse grammaticale* et à l'*Analyse logique*, sans lesquelles il est impossible de comprendre le langage grammatical.

Enfin on arrivera, ainsi préparé, à l'*Orthographe de principes*, et l'on terminera par l'*Orthologie*.

De sorte qu'un Cours de Grammaire peut se diviser en 5 parties, précédées de *Notions préliminaires*. Voici l'ordre de ces parties :

Notions préliminaires.

1. Conjugaison.
2. Analyse grammaticale.
3. Analyse logique.
4. Orthographe.
5. Orthologie.

Cependant on peut mener de front plusieurs de ces parties (les 2 premières), surtout si l'élève est intelligent et laborieux.

---

* Les numéros devant lesquels il y a un astérisque *, ne doivent pas être appris par les commençants.

NOTIONS PRÉLIMINAIRES.

DES PHRASES, DES MOTS, DES SYLLABES, ET DES LETTRES.

4. Une phrase est une réunion de mots qui forment un sens complet : *la santé est préférable à la fortune.*

* 5. Un mot est l'expression d'une idée : *demain, courir, joli, affreux.*

6. Une syllabe est ce qu'on peut prononcer d'un seul mouvement de bouche. Le mot *bonté* exigeant deux mouvements de bouche, renferme deux syllables : *bon-té.*

7. Une syllabe est composée d'une ou de plusieurs lettres : *a-mour.*

Il peut y avoir jusqu'à 8 lettres dans une syllabe ; *ils tra-va-illaient.*

8. Pour savoir combien il y a de syllabes dans un mot, il faut compter combien de fois on peut s'arrêter en le prononçant. Ainsi, dans *amicalement,* on peut s'arrêter 5 fois : *a-mi-ca-le-ment;* donc il y a 5 syllabes dans ce mot.

* 9. Un mot qui n'a qu'une syllabe, s'appelle un *monosyllabe* : *mon chien et mon chat me sont plus chers qu'un tas de gens sans biens, ni foi, ni mœurs, ni loi.*

* 10. Un mot de plusieurs syllabes s'appelle un *polysyllabe* : *bon-té, cha-ri-té, cer-ti-tu-de.*

* 11. Un mot de 2 syllabes s'appelle un *dissyllabe : cou-teau.*

* 12. Un mot de 3 syllabes s'appelle un *trissyllabe : re-gar-dez.*

13. Il y a 26 lettres dans l'alphabet : *a, b, c, d, e, f, g, h, i, j, k, l, m, n, o, p, q, r, s, t, u, v, w, x, y, z.*

14. Ces 26 lettres se divisent en *voyelles* et en *consonnes.*

15. Il y a 6 voyelles : *a, e, i, o, u, y.*

16. Il y a 20 consonnes : *b, c, d, f, g, h, j, k, l, m, n, p, q, r, s, t, v, w, x, z.*

17. Ce signe : & veut dire le mot *et.*

OBSERVATIONS SUR QUELQUES LETTRES.

18. Il y a 3 sortes d'*e* : l'*e muet,* l'*e fermé,* et l'*e ouvert.*

19. L'*e muet* est celui dont le son est peu sensible : *je crie,* et quelquefois nul : *je crierai.*

20. L'e *fermé* est celui qui se prononce en serrant les dents, par conséquent la bouche presque fermée : SÉVÉRITÉ.

21. L'e *ouvert* est celui qui se prononce la bouche plus ou moins ouverte : *procès, tête, père*.

22. Il y a deux sortes d'H : l'*h muette* et l'*h aspirée*.

23. L'*h muette* est celle qui n'empêche pas la liaison des mots : *les* HOMMES HEUREUX.

24. L'*h aspirée* est celle qui empêche la liaison des mots : *les* HÉROS HARDIS.

25. Il y a deux sortes d'*l* : l'*l liquide* et l'*l mouillée*.

26. L'*l liquide* est celle qui se prononce comme dans les mots *ba*L, LIQUIDE.

27. L'*l mouillée* est celle qui se prononce comme dans les mots *bai*L, MOUILLÉE.

28. Quand l'*l* est mouillée, elle est précédée d'un *i*.

29. L'*s* entre deux voyelles se prononce comme un *z* : *rose*.

30. L'*y* se prononce de deux manières, comme un *i* ou comme deux *i*. Il se prononce comme deux *i*, quand il est dans le corps d'un mot après une voyelle : *moyen* (prononcez : *moi-ien*), *pays* (prononcez : *pai-is*).

Dans tout autre cas, l'*y* se prononce comme un *i* : *mystère* (prononcez : *mistère*), *dey* (prononcez : *dei*).

* 31. Il y a, dans l'alphabet, six lettres inutiles : *c, k, x, y, h, w.*

* 32. En effet : *c* peut être remplacé par *q* : *roc,*
ou par *s* : *ceci.*
k peut être remplacé par *q* : *kyrielle.*
x peut être remplacé par *qs* : *taxe,*
ou par *gz* : *exemple.*
y peut être remplacé par *un i* : *mystère,*
ou par *deux i* : *moyen.*
h n'a pas de son : *homme, héros.*
w peut être remplacé par *v* : *Norwége,*
ou par *ou* : *Wiski.*

DU NOM ET DE LA PRONONCIATION DES LETTRES.

* 33. Le *nom* des lettres et la *prononciation* des lettres ne sont pas une seule et même chose, car la lettre *b* se nomme *un bé* et se prononce *be*, comme dans *Job;* la lettre *f* se nomme *une èfe* et se prononce *fe*, comme dans *vif*, etc., etc.

* 34. Sur les six voyelles, il y en a quatre; savoir : *a, i, o, u*, qui se nomment et se prononcent de même; en effet,

la voyelle *a* se nomme *un a* et se prononce *a,* comme dans *il pria,* etc., etc.

Les deux autres voyelles *e, y,* se nomment d'une manière et se prononcent d'une autre, car la voyelle *e* se nomme *un é* et se prononce tantôt comme un *e muet* : *monde;* tantôt comme un *e fermé* : *dormez;* et enfin comme un *e ouvert* : *autel.* — La voyelle *y* se nomme *un i grec* et se prononce tantôt comme un *i* : *mystère;* tantôt comme *deux i* : *moyen.*

* 35. Quant aux consonnes, elles se nomment toutes d'une manière et se prononcent d'une autre.

* 36. Voici le tableau des consonnes avec leur nom et leur prononciation :

CONSONNES.	NOMS.	PRONONCIATION.
b	bé	beu
c	cé	queu *ou* seu
d	dé	deu
f	èfe	feu
g	gé	gueu *ou* jeu
h	ache	*nulle de prononciation.*
j	jï	jeu
k	ka	queu
l	èle	leu
m	ème	meu
n	ène	neu
p	pé	peu
q	qu	queu
r	ère	reu
s	esse	seu
t	té	teu
v	vé	veu
w	double vé	veu *ou* ou
x	ixe	qseu *ou* gzeu.
z	zède	zeu.

DU GENRE DES LETTRES.

* 37. Les lettres ne sont pas toutes du même genre, car on dit : *un a, un b,* au masculin; et *une f, une h,* au féminin.

* 38. Les voyelles sont toutes du masculin : *un a, un e, un i,* etc.

* 39. Les consonnes sont du masculin et du féminin; voici les règles à cet égard :

1º. Les consonnes dont le *nom* commence par une consonne, sont du masculin : *un b, un c, un d,* etc.

2º. Les consonnes dont le *nom* commence par une voyelle, sont du féminin : *une f, une h, une l,* etc.

Excepté *un x,* qui est du masculin, quoique son nom commence par une voyelle (*ixe*).

DES ACCENTS, DE L'APOSTROPHE, DU TRÉMA,
ET AUTRES SIGNES ORTHOGRAPHIQUES.

40. Il y a trois sortes d'accents : l'accent *aigu* (´), l'accent *grave* (`), et l'accent *circonflexe* (^).

41. L'accent aigu se met sur la voyelle *é* : *été.*

42. L'accent grave se met sur les trois voyelles *à, è, ù* : *voilà, père, où.*

43. L'accent circonflexe se met sur les 5 voyelles *â, ê, î, ô, û* : *bâtir, tête, île, côte, flûte.*

44. L'apostrophe est une espèce d'accent qui se met entre deux lettres pour indiquer qu'il y a une voyelle supprimée.

45. L'apostrophe peut tenir la place d'une des trois voyelles *a, e, i* : *l'épée* (pour *la épée*); *l'arbre* (pour *le arbre*); *s'il veut* (pour *si il veut*).

* 46. Il y a vingt mots où l'on emploie une apostrophe, savoir :

    1 mot où l'apostrophe tient la place d'un *a* : *la.*

    18 mots où l'apostrophe tient la place d'un *e* : *je, me, te, se, ce, de, ne, le, que, quelque, lorsque, quoique, puisque, jusque, presque, entre, grande, prude.*

    1 mot où l'apostrophe tient la place d'un *i* : *si.*

Total : 20 mots.

---

47. On appelle tréma deux points qu'on place sur une voyelle pour la faire prononcer séparément de celle qui précède, comme dans *haïr,* qu'on doit prononcer *ha-ir,* et non pas *hair.*

48. Le tréma se place sur les trois voyelles *ë, ï, ü* : *ciguë, aïeul, Esaü.*

49. La cédille est un petit signe qu'on place sous le *ç,* pour lui donner le son de l's : *façade.*

50. La cédille ne s'emploie que devant les trois voyelles *a, o, u* : *façade, façon, reçu.*

51. Le trait d'union (ou tiret) est un petit trait qu'on met entre deux mots pour les joindre : *contre-danse, peut-être, arc-en-ciel.*

52. Les guillemets sont formés de deux petites virgules très-rapprochées (» «), pour indiquer une citation :

« Faites toujours le bien, et n'allez pas le dire :
» Que ce ne soit jamais l'orgueil qui vous l'inspire. »

53. Les parenthèses sont deux crochets qui servent à renfermer un ou plusieurs mots : *la modération (dit Voltaire) est le trésor du sage.*

54. L'astérisque (*) est une petite étoile qui renvoie au bas d'une page pour une note, ou qu'on place devant certains mots ou certaines lignes pour les faire remarquer.

55. Une accolade est formée de deux traits arrondis et réunis en un point qu'on appelle le *bec de l'accolade;* une accolade sert à joindre plusieurs lignes ou plusieurs mots.

56. Ce signe : &c. ou etc. se prononce *et cœtera;* il signifie : *et autres choses du même genre que celles qui précèdent.* (C'est une abréviation des deux mots latins *et cœtera.*)

57. Ce signe § s'appelle un *paragraphe ;* il sert à indiquer une division dans un chapitre, dans un discours, etc.

58. Une ligne rentrée en dedans s'appelle un *alinéa.*

59. Lorsqu'on quitte la ligne où l'on est, pour en commencer une autre qu'on rentre en dedans, cela s'appelle *aller à la ligne* ou *faire un alinéa.*

DES SIGNES DE LA PONCTUATION.

60. Il y a 8 signes de ponctuation, savoir : la virgule (,), le point-virgule (;), le point (.), les deux points (:), le point d'interrogation (?), le point d'exclamation (!), les points de suspension (........), et le trait de séparation ou d'interlocution (—).

DE QUELQUES CARACTÈRES D'IMPRIMERIE.

61. Une grande lettre s'appelle une *majuscule,* ou une *capitale,* ou une *majeure.*

62. Une petite lettre ou lettre ordinaire s'appelle une *minuscule* ou une *mineure.*

63. La première lettre d'un mot s'appelle l'*initiale.*

64. Le caractère d'imprimerie qui est *droit* s'appelle *caractère romain.*

65. Le caractère d'imprimerie qui est penché, comme l'écriture, s'appelle *caractère italique.*

66. Quand on copie dans un livre imprimé et qu'on trouve des mots en caractères italiques, il faut les souligner, c'est-à-dire faire une petite ligne, un petit trait au dessous.

DES DIFFÉRENTES SORTES DE CHIFFRES.

67. Il y a deux sortes de chiffres : les chiffres *arabes* et les chiffres *romains*.

68. Les chiffres arabes sont au nombre de 10, savoir : 1, 2, 3, 4, 5, 6, 7, 8, 9, 0.

69. Les chiffres romains sont au nombre de 7 ; ce sont des lettres, savoir :

I, V, X, L, C, D, M,

qui valent 1, 5, 10, 50, 100, 500, 1000.

70. On appelle aussi les chiffres romains des *lettres numérales*, c'est-à-dire des lettres qui indiquent les nombres.

DES EFFETS DE VOIX DE LA LANGUE FRANÇAISE.

* 71. Il y a dans la prononciation de la langue française 30 *effets de voix.*

* 72. On divise ces 30 effets de voix en *Sons* et en *Articulations.*

* 73. Un son est un effet de voix *susceptible d'être prolongé* : a, é, ou, eu, an, on, etc.

* 74. Une articulation est un effet de voix *qu'on ne peut pas prolonger* : b, d, f, ch, gn, etc.

* 75. Il y a douze sons :

1. a, comme dans so*fa*.	7. eu, comme dans adi*eu*.
2. é, — é*té*.	8. ou, — bij*ou*.
3. è, — pro*cès*.	9. an, — océ*an*.
4. i, — lund*i*.	10. in, — rais*in*.
5. o, — caca*o*.	11. on, — li*on*.
6. u, — vert*u*.	12. un, — chac*un*.

* 76. Il y a dix-huit articulations :

1. b , comme dans Jo*b*.
2. d , — su*d*.
3. f, — vi*f*.
4. g , — zigza*g*.
5. j, — que dis-*je* ?
6. l, — aute*l*.
7. m, — Abraha*m*.
8. n, — hyme*n*.
9. p , — ca*p*.
10. q , — co*q*.
11. r, — tré*sor*.
12. s, — jadi*s*.
13. t, — chu*t*.
14. v, — ça*ve*.

15. z ,   —   gaze.

16. ch ,   —   mou*ch*e.

17. gn ,   —   ga*gn*e.

18. ill ,   —   feu*ill*e.

* 77. On peut classer ces articulations de deux manières.

* 78. 1re. classification des articulations, d'après l'*organe* (ou partie de la bouche) qui sert principalement à les prononcer ·

1°. Artic. labiales (c'est-à-dire des *lèvres*) : *p, b, f, v, m.*

2°. Artic. linguales (—   de la *langue*) : *t, d, l, n, r, s, z, gn.*

3°. Artic. dentales (—   des *dents*) : *t, d.*

4°. Artic. palatales (—   du *palais*) : *t, d, l, n, r, ch, j, ill.*

5°. Artic. gutturales (—   du *gosier*) : *q, g.*

6°. Artic. nasales (—   du *nez*) : *m, n, gn.*

On voit que certaines articulations figurent dans deux ou trois classes à la fois, parce qu'en effet elles sont produites par le concours de deux ou trois organes.

Quelques-unes de ces articulations sont encore appelées :

Artic. mouillées : *ill, gn.*

Artic. sifflantes : *s, z.*

Artic. chuintantes : *ch, j.*

Artic. liquides : *l, r.*

Artic. aspirée ou pectorale : *h.*

* 79. 2me. classification des articulations, d'après l'*analogie* de leur prononciation, c'est-à-dire d'après le plus ou moins de force qu'il faut pour les prononcer :

ARTIC. FORTES OU RUDES.	ARTIC. FAIBLES OU DOUCES.
P.	B.
T.	D.
F.	V.
Q.	G.
S.	Z.
CH.	J.

* 80. Les six articulations L, M, N, R, GN, ILL, n'ont pas d'analogues faibles ou douces; cependant on peut établir quelque analogie entre les articulations suivantes :

L et ILL , car il y a des provinces du nord de la France où l'on prononce une *boutelle* pour une *bouteille.*

N et GN , car quelques personnes prononcent *manifique* pour *magnifique.*

Mais il reste toujours M et R qui n'ont pas d'analogues.

* 81. Les quatre sons *an, in, on, un,* s'appellent des *sons nasals.*

* 82. Ces quatre sons nasals sont les analogues de quatre autres sons :

AN est l'analogue de A.
IN,   de   É.
ON,   de   O.
UN,   de   EU.

* 83. On appelle *diphthongue* la réunion de deux sons qui se prononcent si rapidement qu'ils semblent n'exiger qu'un seul mouvement de bouche, et par conséquent ne former qu'une syllabe : *ié, ui, oui, ien,* etc.

* 84. Mots qui renferment une diphthongue : *pied, celui, loi, lieu, bien, diable, viande, adieu, amitié, volière, niais, mieux, fiole, chiourme, oison, croître, besoin, ouest, baragouin, écuelle,* etc., etc.

DE L'ORTHOGRAPHE D'USAGE, DE LA LIAISON DES MOTS, ET DES FAMILLES DE MOTS.

* 85. Il y a plusieurs manières de représenter le même son et la même articulation.

* 86. C'est ce qui rend l'orthographe d'usage si difficile, car le son *a* peut se peindre de trente et une manières, dont les principales sont : *as, at, ap, ac, ach, ha, ats,* etc., comme dans les mots : *rep*AS, *ch*AT, *dr*AP, *estom*AC, *almana*CH, HA*bit,* je *b*ATS, etc.; le son *é,* de quarante-deux manières ; le son *è,* de quarante-huit; le son *i,* de trente-deux; le son *o,* de quarante-six, etc., etc. — De telle sorte que les trente effets de voix peuvent se représenter de plus de sept cents manières.

* 87. On peut reconnaître certaines lettres nulles, c'est-à-dire qui ne se prononcent pas, soit à la fin des mots, soit au milieu, en consultant la *liaison des mots* et les *familles de mots.*

* 88. Ainsi, pour savoir qu'il y a une *s* à la fin du mot *jamais,* il faut placer ce mot devant un autre commençant par une voyelle, afin de provoquer une *liaison* s'il y a lieu : *jamais attentif, jamais aimable;* et l'on entend l's finale.

* 89. De même, pour savoir que le mot *drap* se termine par un *p,* il faut chercher un mot de la même famille : *drapier, draperie, draper;* et l'on retrouve le *p.*

* 90. Enfin, on saura que le mot *bœuf* s'écrit avec un *o*

1*

(après le *b*) en consultant la famille de ce mot : *bouvier,
bouvillon* (jeune bœuf), etc., etc. (*).

DU GENRE ET DU NOMBRE.

91. Il y a deux genres : le genre *masculin* et le genre
féminin : un *père,* un *lion,* un *canif,* sont du genre masculin ; une *mère,* une *lionne,* une *plume,* sont du genre
féminin.

92. On reconnaît qu'un mot est du genre masculin quand
on peut mettre *le* ou *un* devant : LE *père,* UN *père;* LE *lion,*
UN *lion;* LE *canif,* UN *canif.*

93. On reconnaît qu'un mot est du genre féminin quand
on peut mettre *la* ou *une* devant : LA *mère,* UNE *mère;* LA
lionne, UNE *lionne;* LA *plume,* UNE *plume.*

94. Il y a deux nombres : le nombre *singulier* et le
nombre *pluriel* : un *père,* un *lion,* un *canif;* une *mère,*
une *lionne,* une *plume,* sont du nombre singulier ; *les
pères, les lions, les canifs ; les mères, les lionnes, les
plumes,* sont du nombre pluriel.

95. On reconnaît qu'un mot est du nombre singulier
quand il y a devant : *un, le,* etc., c'est-à-dire quand il ne
s'agit que d'un seul objet.

96. On reconnaît qu'un mot est du nombre pluriel quand
il y a devant : *les, des, plusieurs,* etc., c'est-à-dire quand
il s'agit de plusieurs objets.

DES DIFFÉRENTES ESPÈCES DE MOTS
DE LA LANGUE FRANÇAISE.

97. Il y a dans la langue française *dix espèces de mots;*
savoir : le *substantif* (ou le *nom*), l'*article,* l'*adjectif,* le
pronom, le *verbe,* le *participe,* la *préposition,* l'*adverbe,*
la *conjonction,* et l'*interjection.*

98. On appelle aussi ces dix espèces de mots, *les dix
parties du discours.*

(*) Voyez l'ouvrage que j'ai publié en 1834, intitulé : *Introduction à l'étude de la grammaire française,* ou *Exercices d'orthographe,* chap. III, p. 7, et chapitre IV, p. 9 :
on y trouvera plusieurs exemples sur la *liaison des mots* et sur
les *familles de mots.*

1re. PARTIE : CONJUGAISON.

La conjugaison est l'âme des langues.

DÉFINITION DU VERBE, DES MODES, DES TEMPS, ET DES PERSONNES.

1. Le verbe est un mot qui exprime une *action* ou un *état : je cours, je souffre.* — Voici le modèle de la con*jugaison d'un verbe* (*).

INDICATIF.

PRÉSENT.

J'aim*e*.
Tu aim*es*.
Il aim*e*.
Nous aim*ons*.
Vous aim*ez*.
Ils aim*ent*.

IMPARFAIT.

J'aim*ais*.
Tu aim*ais*.
Il aim*ait*.
Nous aim*ions*.
Vous aim*iez*.
Ils aim*aient*.

PRÉTÉRIT DÉFINI.

J'aim*ai*.
Tu aim*as*.
Il aim*a*.
Nous aim*âmes*.
Vous aim*âtes*.
Ils aim*èrent*.

PRÉTÉRIT INDÉFINI.

J'ai aimé.
Tu as aimé.

Il a aimé.
Nous avons aimé.
Vous avez aimé.
Ils ont aimé.

PRÉTÉRIT ANTÉRIEUR.

J'eus aimé.
Tu eus aimé.
Il eut aimé.
Nous eûmes aimé.
Vous eûtes aimé.
Ils eurent aimé.

PLUSQUE-PARFAIT.

J'avais aimé.
Tu avais aimé.
Il avait aimé.
Nous avions aimé.
Vous aviez aimé.
Ils avaient aimé.

FUTUR SIMPLE.

J'aimer*ai*.
Tu aimer*as*.
Il aimer*a*.
Nous aimer*ons*.
Vous aimer*ez*.
Ils aimer*ont*.

(*) L'élève qui n'aura jamais conjugué de verbe devra *copier* celui-ci. Après l'avoir copié deux ou trois fois au moins, on lui fera *souligner les terminaisons* qui sont ici en caractères italiques; puis on lui fera conjuguer d'autres verbes sur ce modèle. — Pendant ce temps-là, il apprendra ce qui suit sur les *modes,* les *temps,* etc., etc.

FUTUR COMPOSÉ.

J'aurai aimé.
Tu auras aimé.
Il aura aimé.
Nous aurons aimé.
Vous aurez aimé.
Ils auront aimé.

CONDITIONNEL.

PRÉSENT ET FUTUR.

J'aimerais.
Tu aimerais.
Il aimerait.
Nous aimerions.
Vous aimeriez.
Ils aimeraient.

PASSÉ.

J'aurais aimé.
Tu aurais aimé.
Il aurait aimé.
Nous aurions aimé.
Vous auriez aimé.
Ils auraient aimé.

AUTRE PASSÉ.

J'eusse aimé.
Tu eusses aimé.
Il eût aimé.
Nous eussions aimé.
Vous eussiez aimé.
Ils eussent aimé.

IMPÉRATIF.

PRÉSENT ET FUTUR.

....
Aime.
....
Aimons.
Aimez.
....

SUBJONCTIF.

PRÉSENT ET FUTUR.

Que j'aime.
Que tu aimes.

Qu'il aime.
Que nous aimions.
Que vous aimiez.
Qu'ils aiment.

IMPARFAIT.

Que j'aimasse.
Que tu aimasses.
Qu'il aimât.
Que nous aimassions.
Que vous aimassiez.
Qu'ils aimassent.

PRÉTÉRIT.

Que j'aie aimé.
Que tu aies aimé.
Qu'il ait aimé.
Que nous ayons aimé.
Que vous ayez aimé.
Qu'ils aient aimé.

PLUSQUE-PARFAIT.

Que j'eusse aimé.
Que tu eusses aimé.
Qu'il eût aimé.
Que nous eussions aimé.
Que vous eussiez aimé.
Qu'ils eussent aimé.

INFINITIF.

PRÉSENT ET FUTUR.

Aimer.

PRÉTÉRIT.

Avoir aimé.

PARTICIPE PRÉSENT.

Aimant.

PARTICIPE PASSÉ.

Aimé, aimées.
Aimés, aimées.
Ayant aimé.

Conjuguez sur ce modèle les verbes suivants :

Chanter,	Gâter,	Siffler;	Solliciter,
Sauter,	Chauffer,	Attacher,	Laisser,
Regarder,	Flatter,	Attaquer,	Casser,
Estimer,	Traiter,	Attraper,	Augmenter,
Étonner,	Nommer,	Empêcher,	etc., etc.
Ordonner,	User,	Allumer.	

2. Il y a dans un verbe cinq modes : l'*indicatif,* le *conditionnel,* l'*impératif,* le *subjonctif,* et l'*infinitif.*

3. Il y a dix-neuf temps dans la conjugaison d'un verbe.

4. Voici la distribution de ces temps : il y en a huit au mode indicatif, savoir : le *présent,* l'*imparfait,* le *prétérit défini,* le *prétérit indéfini,* le *prétérit antérieur,* le *plus-que-parfait,* le *futur simple* et le *futur composé.* — Deux au mode conditionnel : le *présent et futur* et le *passé* (il y a 2 passés). — Un au mode impératif : le *présent et futur.* — Quatre au mode subjonctif : le *présent et futur,* l'*imparfait,* le *prétérit,* et le *plusque-parfait.* — Quatre au mode infinitif : le *présent et futur,* le *prétérit,* le *participe présent,* et le *participe passé.*

5. Le mot *temps* signifie l'*époque,* le *moment* où se passe l'action exprimée par le verbe.

6. Il y a trois temps principaux : le *présent,* le *passé,* et le *futur.*

Le présent est le moment où l'on est. Le passé est le moment qui n'est plus. Le futur est le moment à venir.

7. Si, dans la conjugaison d'un verbe, on compte dix-neuf temps, c'est qu'il y a plusieurs présents, plusieurs passés, et plusieurs futurs.

8. Le présent n'a qu'un nom : *présent.*

9. Le passé a plusieurs noms : *imparfait, prétérit,* et *plusque-parfait.*

10. Le futur n'a qu'un nom : *futur.*

* 11. Le mot *mode* signifie *manière* de présenter l'action du verbe.

* 12. L'*indicatif* présente l'action du verbe purement et simplement, il l'indique : je *travaille,* j'ai *travaillé,* je *travaillerai.*

Le *conditionnel* la présente avec une *condition* : je *travaillerais,* si j'en avais le temps.

L'*impératif* la présente avec commandement : *travaille.*

Le *subjonctif* présente l'action du verbe sous la dépendance d'un autre verbe ou d'une conjonction qui précède : IL VEUT *que je travaille.* QUOIQUE *je travaille* beaucoup, je ne sais si je réussirai.

L'*infinitif* présente l'action du verbe d'une manière vague, *indéfinie,* c'est-à-dire sans nombre ni personne : il faut *travailler.*

13. Il y a six personnes à chaque temps : trois au singulier, et trois au pluriel.

14. On reconnaît les personnes au moyen des mots : *je, tu, il* ou *elle; nous, vous, ils* ou *elles.*

je indique la 1re. pers. du singulier.

tu, la 2e. pers. du singulier.

il ou *elle*, la 3e. pers. du singulier.

nous, la 1re. pers. du pluriel.

vous, la 2e. pers. du pluriel.

ils ou *elles*, la 3e. pers. du pluriel.

15. Ces mots : *je*, *tu*, *il* ou *elle* ; *nous*, *vous*, *ils* ou *elles*, s'appellent des *pronoms personnels*.

16. Les pronoms *il* ou *elle*, *ils* ou *elles*, de la 3e. personne, peuvent être remplacés par un nom de *personne*, d'*animal* ou de *chose* (c'est ce qu'on appelle un *substantif*); ainsi on peut dire à la 3e. personne : le *père* aime, le *chien* aime ; les *pères* aiment, les *chiens* aiment.

On peut encore remplacer les pronoms *il*, *elle*, *ils*, *elles*, par les mots *quelqu'un*, *on*, *le mien*, *la mienne*, *celui-ci*, *celle-là*, etc., qui sont aussi des pronoms ; on dira donc à la 3e. personne : *quelqu'un* aime, *on* aime, *le mien* aime, etc.

17. Le mot *personne* signifie ordinairement un *homme* ou une *femme*; mais en grammaire, il se dit aussi des *animaux* et des *choses*.

18. La 1re. *personne* est l'homme ou la femme qui parle ; ou l'animal, ou la chose qui est censée parler :

    j'aime,   *j'aboie*,   *je brille*.

n. aimons, *n. aboyons*, *n. brillons*.

19. *La* 2e. *personne* est l'homme ou la femme à qui l'on parle; ou l'animal, ou la chose à laquelle on est censé parler : *tu aimes*, *tu aboies*, *tu brilles*.

    v. aimez, *v. aboyez*, *v. brillez*.

20. *La* 3e. *personne* est l'homme, la femme, l'animal, ou la chose dont on parle :

Le père aime,   *le chien aboie*,   *l'étoile brille*.

Les pères aiment, les chiens aboient, les étoiles brillent.

OBSERVATIONS SUR QUELQUES MODES.

21. Il y a deux modes qui n'ont pas de pronoms, c'est l'impératif et l'infinitif : *aime, aimons, aimez.* — *Aimer, avoir aimé, aimant, aimé.*

22. L'impératif n'a pas toutes les personnes.

23. Il n'a que la 2e. pers. du singulier, puis la 1re. et la 2e. pers. du pluriel.

24. Il manque donc à l'impératif la 1re. et la 3e. pers. du sing., ainsi que la 3e. pers. du pluriel.

25. Il ne faut pas oublier que l'impératif est le mode qui

sert à commander, à prier de faire quelque chose : *parle,
parlons, parlez.*

26. Il y a au subjonctif un mot de plus qu'aux autres
modes; c'est le mot *que* (qu'on appelle une *conjonction*) :
QUE *j'aime*, QUE *j'aimasse*, QUE *j'aie aimé*, QUE *j'eusse
aimé*.

27. Il y a un mode qui n'a pas de personnes, c'est l'infinitif : *aimer, avoir aimé, aimant, aimé.*

28. Un mode qui n'a pas de personnes s'appelle *mode
impersonnel* : l'infinitif est le seul mode impersonnel.

29. L'*indicatif*, le *conditionnel*, l'*impératif*, et le *subjonctif*, sont des modes qui ont des personnes.

30. Les modes qui ont des personnes se nomment
modes personnels : il y a donc quatre modes personnels.

31. L'infinitif est un mode qui n'a ni nombre ni personnes.

32. Un mode qui n'a ni nombre ni personnes s'appelle
mode invariable : l'infinitif est le seul mode invariable.

33. Il y a cependant à l'infinitif un temps qui est quelquefois *variable*, c'est le *participe passé*; ce temps est
susceptible de prendre le genre et le nombre, puisqu'on
dit *aimé*, au masc. sing. — *aimée*, au fém. sing. — *aimés*,
au masc. plur. — et *aimées*, au fém. pluriel.

DES TEMPS SIMPLES ET DES TEMPS COMPOSÉS.

34. On divise les temps d'un verbe en temps *simples* et
en temps *composés*.

35. Un temps simple est celui qui ne contient que le
verbe que l'on conjugue : *j'aime, j'aimais, j'aimai,
j'aimerai*, etc.

36. Un temps composé est celui qui renferme le verbe
que l'on conjugue et le mot *j'ai*, ou *j'eus*, ou *j'avais*, ou
j'aurai, etc., qui est aussi un verbe : *j'ai aimé, j'eus aimé,
j'avais aimé, j'aurai aimé*, etc.

37. Cet autre verbe *j'ai, j'eus, j'avais*, etc., s'appelle
verbe auxiliaire, c'est-à-dire verbe qui *aide* à conjuguer
les autres, car on le retrouve dans la conjugaison des autres
verbes, aux temps composés : J'AI *chanté*, J'EUS *sauté*,
J'AVAIS *regardé*, etc.

38. Il y a deux verbes auxiliaires, *avoir* et *être* : J'AI
aimé, je SUIS *arrivé*. — (On verra plus tard l'emploi de
l'aux. *être*.)

39. Il y a onze temps simples; quatre à l'indic. : *le
prés., l'imparf., le prét. déf.,* et *le fut. simple.* — Un au
condit. : *le prés. et fut.* — Un à l'impér. : *le prés. et fut.*

— Deux au subj. : *le prés. et fut.*, et *l'imparf.* — Trois à l'infin. : *le prés. et fut.*, *le part. prés.*, et *le part. passé.*

40. Il y a neuf temps composés ; quatre à l'indic. : *le prét. indéf.*, *le prét. ant.*, *le plusq.-parfait*, et *le fut. comp.* — Un au condit. : *le passé.* — Deux au subj. : *le prét.*, et *le plusq.-parf.* — Deux à l'infin. : *le prét.*, et *le part. passé.*

41. Le part. passé figure à la fois dans les temps simples et dans les temps composés, parce qu'en effet le commencement est simple : *aimé*, *aimée*, *aimés*, *aimées.* — et le reste est composé : *ayant aimé.*

DE LA TERMINAISON DES ONZE TEMPS SIMPLES.

42. Voici la terminaison des onze temps simples du verbe *aimer* :

	SINGULIER.			PLURIEL		
	1re. PERS.	2e. PERS.	3e. PERS.	1re. PERS.	2e. PERS.	3e. PERS.
IND. PRÉS.	e	es	e	ons	ez	ent
IMPARF.	ais	ais	ait	ions.	iez.	aient
PRÉT. DÉF.	ai	as	a	âmes	âtes	èrent
FUT. SIMPL.	rai	ras	ra	rons	rez.	ront
COND. PR.	rais	rais	rait	rions	riez	raient
IMPÉRAT.	...	e	...	ons	ez	....
SUBJ. PRÉS	e	es	e	ions	iez.	ent
IMPARF.	asse	asses	ât	assions	assiez	assent
INF. PRÉS.	er					
PART. PRÉS.	ant					
PART. PASS.	é					

43. Tous les verbes ne se terminent pas comme le verbe *aimer* dans tous les temps. Il y a des différences dans si temps, savoir : aux trois pers. sing. du prés. de l'indic.

au prét. déf. — à la 2e. pers. sing. de l'impér. — à l'imp. du subj. — au prés. de l'inf. — et au part. passé.

44. En effet, les trois pers. sing. du prés. de l'ind. offrent les différences suivantes :

Le v. *finir* fait : je *finis*, tu *finis*, il *finit*.

Le v. *vouloir* fait : je *veux*, tu *veux*, il *veut*.

Le v. *rendre* fait : je *rends*, tu *rends*, il *rend*.

Le v. *battre* fait : je *bats*, tu *bats*, il *bat*.

Le v. *vaincre* fait : je *vaincs*, tu *vaincs*, il *vainc*.

45. Ainsi donc, les 3 pers. sing. du prés. de l'indicatif se terminent de six manières :

1re. manière : *e, es, e*.

2e. manière : *s, s, t*.

3e. manière : *x, x, t*.

4e. manière : *ds, ds, d*.

5e. manière : *ts, ts, t*.

6e. manière : *cs, cs, c*.

46. De même, au prét. défini,

Le v. *finir* fait :

je finis, tu finis, il finit, n. finîmes, v. finîtes, ils finirent.

Le v. *recevoir* fait :

je reçus, tu reçus, il reçut, n. reçûmes, v. reçûtes, ils reçurent.

Le v. *venir* fait :

je vins, tu vins, il vint, n. vînmes, v. vîntes, ils vinrent.

47. De sorte que le prét. défini se termine de quatre manières :

1re. man. : *ai, as, a, âmes, âtes, èrent*.

2e. man. : *is, is, it, îmes, îtes, irent*.

3e. man. : *us, us, ut, ûmes, ûtes, urent*.

4e. man. : *ins, ins, int, înmes, întes, inrent*.

48. L'imparfait du subj. se termine aussi de quatre manières, qui correspondent aux quatre terminaisons précédentes : que j'aim*asse*, que je fin*isse*, que je reç*usse*, que je v*insse*.

1re. man. : *asse, asses, ât, assions, assiez, assent*.

2e. man. : *isse, isses, ît, issions, issiez, issent*.

3e. man. : *usse, usses, ût, ussions, ussiez, ussent*.

4e. man. : *insse, insses, înt, inssions, inssiez, inssent*.

49. Le prés. de l'infinitif se termine également de quatre manières : aim*er*, fin*ir*, rece*voir*, rend*re* :

er. ir. oir. re.

50. C'est ce qu'on appelle *les quatre conjugaisons* :

La 1re. *conj.* a le prés. de l'infin. terminé en *er*.

La 2e. *conj.* a le prés. de l'infin. terminé en *ir*.

La 3e. *conj.* a le prés. de l'infin. terminé en *oir*.

La 4e. *conj.* a le prés. de l'infin. terminé en *re*.

51. Tous les verbes de la langue française se terminent au présent de l'infin. d'une de ces quatre manières :

1ᵣᵉ. conj. : *aim*ER ; *dans*ER ; *saut*ER, *estim*ER, *donn*ER, *chant*ER, *gât*ER, *cass*ER, *travaill*ER, *din*ER, *regard*ER, etc.

2ᵉ. conj. : *fin*IR, *guér*IR ; *pun*IR, *réun*IR, *bén*IR, *sais*IR, *obé*IR, *trah*IR, *rempl*IR, *nourr*IR, *adouc*IR, etc.

3ᵉ. conj. : *rece*VOIR, *aperce*VOIR, *conce*VOIR, *de*VOIR, *VOIR*, *vou*LOIR, *sa*VOIR, *pou*VOIR, *pré*VOIR, *a*VOIR, etc.

4ᵉ. conj. : *ren*DRE, *ven*DRE, *per*DRE, *mor*DRE, *fon*DRE, *tor*DRE, *fen*DRE, *ri*RE, *cou*DRE, *bat*TRE, *rom*PRE, *ê*TRE, etc.

Remarque essentielle. — En admettant quatre conjugaisons, il ne faut pas conclure qu'il y ait quatre manières différentes de terminer *tous les temps* d'un verbe, puisque le sing. du prés. de l'ind. se termine de *six manières*, et le pluriel *d'une seule*, ainsi que l'imparf. de l'ind., le fut. simple, le cond. présent, etc. — De même, si le prét. défini se termine de quatre manières, ainsi que l'imp. du subj., cela ne veut pas dire que ces quatre manières correspondent aux quatre conjugaisons; c'est ce qui sera prouvé ci-après.

52. Le part. passé se termine de dix-neuf manières (voyez le *Tableau général des terminaisons*, ci-après, n°. 57.)

53. Les terminaisons du part. passé les plus usitées sont les trois suivantes : *é*, *i*, *u* (*aim*é, *fin*I, *reç*U). — L'usage apprendra les autres terminaisons.

54. On trouve le prés. de l'inf. en mettant *je veux* ou *il faut* avant le verbe :

(Je *meurs*) — je veux *mourir.*
(Je *souffre*) — il faut *souffrir.*

55. On trouve le part. passé en mettant *j'ai* ou *je suis* avant le verbe :

(Je *finirai*) — j'ai *fini.*
(J'*arrive*) — je suis *arrivé.*

56. On reconnaît la dernière lettre d'un part. passé en le mettant au féminin, c'est-à-dire en y ajoutant un *e* muet :

fini — *fin*IE.
écrit — *écri*TE.
assis — *assi*SE.

En retranchant l'*e* muet, on a le part. passé écrit comme il doit l'être.

57. Voici le tableau général de la terminaison des onze temps simples, pour servir de résumé à ce qui a été dit depuis le n°. 42 :

Terminaisons des onze temps simples.

	SINGULIER.			PLURIEL.		
	1re. PERS.	2e. PERS.	3e. PERS.	1re. PERS.	2e. PERS.	3e. PERS.
INDIC. PRÉS.	e s x ds ts cs	es s x ds ts cs	e t t d t c	ons	ez	ent
IMPARFAIT.	ais	ais	ait	ions	iez	aient
PRÉT. DÉFINI.	ai - is us ins	as is us ins	a it ut int	âmes îmes ûmes înmes	âtes îtes ûtes întes	èrent irent urent inrent
FUTUR SIMPL.	rai	ras	ra	rons	rez	ront
CONDIT. PRÉS.	rais	rais	rait	rions	riez	raient
IMPÉR. PRÉS.	......	e s x ds ts cs	......,	ons	ez	......
SUBJ. PRÉS.	e	es	e	ions	iez	ent
IMPARFAIT.	asse isse usse insse	asses isses usses insses	ât ît ût înt	assions issions ussions inssions	assiez issiez ussiez inssiez	assent issent ussent inssent
INFIN. PRÉS.	er ir oir re					
PART. PRÉS.	ant					
PART. PASSÉ.	é, i, u, is, ort, ert, û, eû, ui, us, it, os, ous, out, uit, oint, aint, eint, ait.					

REMARQUES SUR LA TERMINAISON
DE CERTAINS TEMPS.

58. La terminaison *e, es, e,* du prés. de l'indic., est celle des verbes en *er, frir, ouvrir, cueillir* et *saillir :*

J'envoiE, tu envoiES, il envoiE.

J'offrE, tu offrES, il offrE.

Je couvrE, tu couvrES, il couvrE.

J'accueillE, tu accueillES, il accueillE.

Je tressaillE, tu tressaillES, il tressaillE.

59. La terminaison *x, x, t,* est celle des trois verbes *pouvoir, vouloir, valoir* (et les dérivés : *équivaloir, prévaloir,* etc.).

Je peuX, tu peuX, il peuT.

Je veuX, tu veuX, il veuT.

Je vauX, tu vauX, il vauT.

60. La terminaison *ds, ds, d,* est celle des verbes en *dre,* comme *renDRE, perDRE, couDRE,* etc.

Je renDS, tu renDS, il renD.

Je perDS, tu perDS, il perD.

Je couDS, tu couDS, il couD.

Il faut excepter de cette règle les verbes en *indre* et en *soudre,* comme *peINDRE, craINDRE; abSOUDRE, réSOUDRE,* etc.; ils se terminent par *s, s, t :*

Je peinS, tu peinS, il peinT.

Je crainS, tu crainS, il crainT.

J'absouS, tu absouS, il absouT.

Je résouS, tu résouS, il résouT.

61. La terminaison *ts, ts, t,* est celle des verbes en *ttre* (avec deux *t*), comme *baTTRE, meTTRE,* etc.

Je baTS, tu baTS, il baT.

Je meTS, tu meTS, il meT.

62. La terminaison *cs, cs, c,* est celle des verbes en *cre,* comme *vainCRE, convainCRE :*

Je vaincS, tu vaincS, il vainc.

Je convaincS, tu convaincS, il convainc.

63. La terminaison *s, s, t,* est celle des verbes qui ne sont pas soumis aux règles précédentes, comme *mourir, courir, faire,* etc.

Je meurS, tu meurS, il meurT.

Je courS, tu courS, il courT.

Je faiS, tu faiS, il faiT.

64. La terminaison *ai, as, a, âmes, âtes, èrent,* du prét. défini, est celle des verbes de la 1re. conjugaison :

Je chantAI, tu chantAS, il chantA, etc., etc.

65. La terminaison *is, is, it, îmes, îtes, irent,* est celle des verbes des trois dernières conjugaisons, comme *fin*ir, *voi*r, *rend*re :

*Je fin*is, *je vis, je rend*is.

66. La terminaison *us, us, ut, ûmes, ûtes, urent,* est aussi celle des verbes des trois dernières conjugaisons, comme *cour*ir, *recevo*ir, *lir*e :

*Je cour*us, *je reç*us, *je l*us.

67. La terminaison *ins, ins, int, înmes, întes, inrent,* est celle des verbes de la 2e. conjug. dont le prés. de l'inf. est terminé par *enir,* comme *ven*ir, *ten*ir, etc. :

*Je vin*s, *je tin*s.

68. Les terminaisons *asse, isse, usse, insse,* de l'imp. du subj., correspondent aux terminaisons *ai, is, us, ins,* du prét. défini :

*Que j'aim*asse.

*Que je fin*isse, *que je vi*sse, *que je rend*isse.

*Que je cour*usse, *que je reç*usse, *que je l*usse.

*Que je vin*sse, *que je tin*sse.

DES AUXILIAIRES *AVOIR* ET *ÊTRE* POUR LES NEUF TEMPS COMPOSÉS.

69. Voici les auxiliaires pour les neuf temps composés. — Les *points* qui sont à côté des auxiliaires doivent être remplacés par le *part. passé* du verbe que l'on conjugue :

Auxil. : Avoir.   *Auxil. :* Être.

	Auxil. : Avoir.	Auxil. : Être.
INDICAT. **PRÉT. INDÉF.**	J'ai	Je suis ......
	tu as	tu es ......
	il a	il est ......
	n. avons	n. sommes ......
	v. avez	v. êtes ......
	ils ont	ils sont ......
PRÉT. ANT.	J'eus	Je fus ......
	tu eus	tu fus .... .
	il eut	il fut ......
	nous eûmes	nous fûmes ......
	vous eûtes	vous fûtes ......
	ils eurent......	ils furent ......
PLUSQ.-PARF	J'avais	J'étais ......
	tu avais	tu étais ......
	il avait	il était ......
	nous avions	nous étions ......
	vous aviez......	vous étiez ......
	ils avaient	ils étaient ......

FUTUR COMP.	J'aurai	Je serai ......
	tu auras	tu seras ......
	il aura	il sera ......
	nous aurons	nous serons ......
	vous aurez	vous serez ......
	ils auront	ils seront ......
CONDIT. PASSÉ.	J'aurais	Je serais ......
	tu aurais	tu serais ......
	il aurait	il serait ......
	nous aurions	nous serions ......
	vous auriez	vous seriez ......
	ils auraient	ils seraient ......
AUTRE PASSÉ	J'eusse	Je fusse ......
	tu eusses	tu fusses ......
	il eût	il fût ......
	nous eussions	nous fussions ......
	vous eussiez	vous fussiez ......
	ils eussent	ils fussent ......
SUBJ. PRÉTÉRIT.	Que j'aie	Que je sois ......
	que tu aies	que tu sois ......
	qu'il ait	qu'il soit ......
	que nous ayons	que nous soyons ......
	que vous ayez	que vous soyez ......
	qu'ils aient	qu'ils soient ......
PLUSQ.-PARF	Que j'eusse	Que je fusse ......
	que tu eusses	que tu fusses ......
	qu'il eût	qu'il fût ......
	que nous eussions	que nous fussions ......
	que vous eussiez	que vous fussiez ......
	qu'ils eussent	qu'ils fussent ......
INF. PRÉT.	Avoir	Être ......
PART. PASSÉ.	Ayant	Étant ......

DE LA FORMATION DES TEMPS.

70. Il y a des temps qui servent à en former d'autres; on les appelle *temps primitifs*.

71. Les temps formés par les temps primitifs s'appellent *temps dérivés*.

72. Il y a *cinq temps primitifs*, savoir :

1º. La 1re. pers. sing. du prés. de l'ind.

2º. Le prétérit défini.

3º. Le présent de l'infinitif.

4°. Le participe·présent.

5°. Le part. passé.

73. Voici comment ces cinq temps primitifs forment tous les autres :

I. *La* 1re. *pers. sing. du prés. de l'ind.* forme la 2e. pers. sing. du même temps, en ajoutant *s*, quand la 1re. se termine par *e muet : j'aime..... tu aimes.*

= Sans rien changer ni ajouter quand la 1re. se termine par *s* ou par *x : je finis..... tu finis. — Je veux..... tu veux.*

La 1re. *pers. sing. du prés. de l'ind.* forme aussi la 3e. pers. sing. du même temps sans rien changer ni ajouter, quand la 1re. se termine par *e muet : j'aime..... il aime.*

= En changeant *s* ou *x* en *t*, quand la 1re. se termine par *s* ou par *x : je finis.... il finit. — Je veux..... il veut.*

= En retranchant *s* quand la 1re. se termine par *ds, ts,* ou *cs : je rends..... il rend. — Je mets..... il met. — Je convaincs..... il convainc.*

La 1re. *pers. sing. du prés. de l'ind.* forme aussi la 2e. pers. sing. de l'impératif en retranchant le pronom *je : j'aime..... aime.*

74. II. Le *prét. défini* forme l'imparf. du subj. en changeant *ai* en *asse* pour les verbes de la 1re. conjugaison : *j'aimai..... que j'aimasse.*

= En ajoutant *se* pour les verbes des trois dernières conjugaisons : *je finis..... que je finisse. — Je reçus..... que je reçusse. — Je rendis..... que je rendisse.*

75. III. Le *prés. de l'infinitif* forme le fut. de l'indic. en changeant *r* en *rai* pour les verbes de la 1re. et de la 2e. conjug. : *aimer..... j'aimerai. — Finir..... je finirai.*

= En changeant *oir* en *rai* pour les verbes de la 3e. conj. : *recevoir..... je recevrai.*

= En changeant *re* en *rai* pour les verbes de la 4e. conj. : *rendre..... je rendrai.*

Le prés. de l'infin. forme aussi le présent du conditionnel en changeant *r, oir,* ou *re,* en *rais : aimer..... j'aimerais. — Finir..... je finirais. — Recevoir..... je recevrais. — Rendre..... je rendrais.*

76. IV. Le *participe présent* forme les 3 pers. plur. du prés. de l'indic. en changeant *ant* en *ons, ez, ent : aimant..... nous aimons, vous aimez, ils aiment.*

Le part. présent forme aussi l'imparf. de l'indic. en changeant *ant* en *ais : aimant..... j'aimais.*

Le part. présent forme aussi les deux pers. plur. de

l'impératif en changeant *ant* en *ons*, *-ez* : *aimant...... ai-mons, aimez.*

Le part. prés. forme aussi le prés. du subj. en changeant *ant* en *e muet* : *aimant..... que j'aime.*

77. V. *Le part. passé* forme tous les temps composés en y ajoutant l'aux. *avoir* ou l'aux. *être* ; *aimé..... j'ai aimé, j'eus aimé, j'avais aimé,* etc. — *Arrivé..... je suis arrivé, je fus arrivé, j'étais arrivé,* etc.

78. Maintenant que la formation des temps est connue, rien de plus facile que de conjuguer un verbe dont les temps primitifs sont donnés. Il faut, pour se bien rendre compte du mécanisme de la conjugaison, avoir soin de placer avant chaque temps ou chaque personne dérivée le temps primitif qui sert à les former.

Voici le *modèle* d'un verbe conjugué avec l'indication des temps primitifs :

Verbe *RÉSOUDRE.* — *Temps primitifs.*

1. Je résous.
2. Je résolus.
3. Résoudre.
4. Résolvant.
5. Résolu.

INDICATIF.
PRÉSENT.

Je résous,
   (Je résous).
Tu résous.
Il résout.
   (Résolvant).
Nous résolvons.
Vous résolvez.
Ils résolvent.

IMPARFAIT.
   (Résolvant).
Je résolvais.
Tu résolvais.
Il résolvait.
Nous résolvions.
Vous résolviez.
Ils résolvaient.

PRÉTÉRIT DÉFINI.

Je résolus.
Tu résolus.
Il résolut.
Nous résolûmes.

Vous résolûtes.
Ils résolurent.

PRÉTÉRIT INDÉFINI.
   (Résolu).
J'ai résolu.
Tu as résolu.
Il a résolu.
Nous avons résolu..
Vous avez résolu.
Ils ont résolu.

PRÉTÉRIT ANTÉRIEUR.
   (Résolu).
J'eus résolu.
Tu eus résolu.
Il eut résolu.
Nous eûmes résolu.
Vous eûtes résolu.
Ils eurent résolu.

PLUSQUE-PARFAIT.
   (Résolu).
J'avais résolu.
Tu avais résolu.
Il avait résolu.

Nous avions résolu.
Vous aviez résolu.
Ils avaient résolu.

FUTUR SIMPLE.

(Résoudre).
Je résoudrai.
Tu résoudras.
Il résoudra.
Nous résoudrons.
Vous résoudrez.
Ils résoudront.

FUTUR COMPOSÉ.

(Résolu).
J'aurai résolu.
Tu auras résolu.
Il aura résolu.
Nous aurons résolu.
Vous aurez résolu.
Ils auront résolu.

CONDITIONNEL.

PRÉSENT ET FUTUR.

(Résoudre).
Je résoudrais.
Tu résoudrais.
Il résoudrait.
Nous résoudrions.
Vous résoudriez.
Ils résoudraient.

PASSÉ.

(Résolu).
J'aurais résolu.
Tu aurais résolu.
Il aurait résolu.
Nous aurions résolu.
Vous auriez résolu.
Ils auraient résolu.

AUTRE PASSÉ.

(Résolu).
J'eusse résolu.
Tu eusses résolu.
Il eût résolu.
Nous eussions résolu.
Vous eussiez résolu.
Ils eussent résolu.

IMPÉRATIF.

PRÉSENT ET FUTUR.

. . . .
(Je résous).
Résous.
. . . .

(Résolvant).
Résolvons.
Résolvez.
. . . .

SUBJONCTIF.

PRÉSENT ET FUTUR.

(Résolvant).
Que je résolve.
Que tu résolves.
Qu'il résolve.
Que nous résolvions.
Que vous résolviez.
Qu'ils résolvent.

IMPARFAIT.

(Je résolus).
Que je résolusse.
Que tu résolusses.
Qu'il résolût.
Que nous résolussions.
Que vous résolussiez.
Qu'ils résolussent.

PRÉTÉRIT.

(Résolu).
Que j'aie résolu.
Que tu aies résolu.
Qu'il ait résolu.
Que nous ayons résolu.
Que vous ayez résolu.
Qu'ils aient résolu.

PLUSQUE-PARFAIT.

(Résolu).
Que j'eusse résolu.
Que tu eusses résolu.
Qu'il eût résolu.
Que nous eussions résolu.
Que vous eussiez résolu.
Qu'ils eussent résolu.

INFINITIF.

PRÉSENT ET FUTUR.

Résoudre.

PRÉTÉRIT.

(Résolu.)
Avoir résolu.

PARTICIPE PRÉSENT.

Résolvant.

PARTICIPE PASSÉ.

Résolu, résolue.
Résolus, résolues.
(Résolu).
Ayant résolu.

79. Un verbe qui, dans toute sa conjugaison, suit les règles de la *formation des temps*, est un verbe *régulier*.

80. On appelle verbe *irrégulier* celui qui ne suit pas les règles de la formation des temps.

81. Il y a des verbes auxquels il manque un ou plusieurs temps, une ou plusieurs personnes, on les appelle verbes *défectueux* ou *défectifs*; tels sont les verbes *absoudre*, *dissoudre*, *luire*, *traire*, etc., qui n'ont pas de *prétérit défini*, et par conséquent pas d'*imparf. du subjonctif*.

82. Un verbe défectueux, par cela même qu'il est défectueux, n'est pas irrégulier, puisqu'il peut, dans les temps qui lui restent, suivre les règles de la formation des temps.

* 83. Il y a dans la langue française 4625 verbes.

* 84. Sur ces 4625 verbes, il n'y en a que 33 d'*irréguliers*.

REMARQUES SUR CERTAINS VERBES.

85. Il y a des verbes qui, à certains temps, demandent une attention particulière; tels sont les verbes suivants :

1°. Les verbes en *ouer* et en *rer*, comme *jouer* et *adorer*, au futur et au conditionnel : je *jouerai*, j'*adorerai*; je *jouerais*, j'*adorerais* (et non : je *jourai*, j'*adorai*. — Voyez la formation des temps n°. 75.) — Conjuguez de même :

Louer.	*Tirer.*
Nouer.	*Desirer.*
Avouer.	*Parer.*
Clouer.	*Procurer.*
Trouer.	*Serrer.*
Déjouer.	*Colorer.*

86. — 2°. Les verbes en *éer*, comme *créer*, au prés. de l'ind., au fut., au condit., à l'impérat., au prés. du subj. et au part. passé : je *crée*, je *créerai*, je *créerais*, *crée*, que je *crée*; *créé*, *créée*, *créés*, *créées*. (Il faut deux *e*, et au part. passé fém. il en faut trois. — Voyez la formation des temps n°. 73, 75, et 76.) — Conjuguez de même :

Suppléer.	*Recréer.*	*Désagréer.*
Agréer.	*Récréer.*	*Gréer.*

87. — 3°. Les verbes en *iller* et en *gner*, comme *travailler*, *gagner*, à l'imparf. de l'indic. et au prés. du subj. (1re et 2e. pers. plur.) : nous *travaillions*, vous *travailliez*; que n. *gagnions*, que v. *gagniez*. (N'oubliez pas l'*i* de la terminaison *ions*, *iez*. — Voyez la formation des temps n°. 76.) — Conjuguez de même :

Tailler.	*Soigner.*
Veiller.	*Peigner.*
Conseiller.	*Baigner.*
Mouiller.	*Signer.*
Briller.	*Enseigner.*
Piller.	*Saigner.*

88. — 4°. Les verbes en *ier*, comme *prier*, à l'imp. de l'ind. et au prés. du subj. (1re et 2e. pers. plur.); puis au fut. et au condit. : nous *priions*, v. *priiez*, q. n. *priions*, q. v. *priiez*; *je prierai, je prierais.* (N'oubliez pas les deux *i*, dont un appartient à la terminaison *ions, iez,* et l'autre à la racine *pri* : *pri-ions, pri-iez.* — N'oubliez pas non plus au futur et au condit. l'*e* muet avant l'*r*. — Voyez la formation des temps n°. 76 et 75.) Conjuguez de même :

Publier.	*Vérifier.*	*Crier.*
Oublier.	*Nier.*	*Certifier.*

TEMPS PRIMITIFS DE CERTAINS VERBES.

89. Il y a des verbes dont il est indispensable de bien connaître les cinq *temps primitifs*, car ce sont ces temps qui permettent de conjuguer un verbe avec la certitude de ne pas se tromper. — Ces verbes sont les suivants :

Absoudre : j'absous, ..., absoudre, absolvant, absous, (absoute).

Assaillir : j'assaille, j'assaillis, assaillir, assaillant, assailli.

Asservir : j'asservis (*), j'asservis, asservir, asservissant, asservi.

Battre : je bats, je battis, battre, battant, battu.
 Conjuguez de même : *abattre, combattre, débattre, rabattre, rebattre, s'ébattre.*

Bénir : je bénis, je bénis, bénir, bénissant, béni.

Bouillir : je bous, je bouillis, bouillir, bouillant, bouilli.
 Conjug. de même : *débouillir, parbouillir.*

Confire : je confis, je confis, confire, confisant, confit.
 Conjug. de même : *déconfire.*

Connaître : je connais, je connus, connaître, connaissant, connu.
 Conjug. de même : *reconnaître, méconnaître.*

Contredire : je contredis, je contredis, contredire, contredisant, contredit.
 Conjug. de même : *prédire, interdire, médire, dédire.*
 (Les verbes *dire* et *redire* sont irréguliers.)

(*) Quand le prés. de l'indic. est en *is* dans les verbes de la 2e. conjugaison, le part. prés. est en *issant* : *j'asservis, asservissant.*

Coudre : je couds, je cousis, coudre, cousant, cousu.
    Conjug. de même : *recoudre, découdre.*
Croître : je crois, je crûs, croître, croissant, crû.
    Conjug. de même : *accroître, décroître, recroître.*
Cuire : je cuis, je cuisis, cuire, cuisant, cuit.
    Conjug. de même : *recuire, décuire.*
Dissoudre : je dissous, ..., dissoudre, dissolvant,
    dissous (dissoute).
Dormir : je dors, je dormis, dormir, dormant, dormi.
    Conjug. de même : *endormir.*
Écrire : j'écris, j'écrivis, écrire, écrivant, écrit.
    Conjug. de même : *décrire, récrire, circonscrire,*
    inscrire, prescrire, proscrire, souscrire,
    transcrire.
Fleurir : je fleuris, je fleuris, fleurir, fleurissant, fleuri.
    Conjug. de même : *refleurir.*
Haïr : je hais, je haïs, haïr, haïssant, haï.
Instruire : j'instruis, j'instruisis, instruire, instruisant,
    instruit.
Jaillir : je jaillis, je jaillis, jaillir, jaillissant, jailli.
    Conjug. de même : *rejaillir.*
Joindre : je joins, je joignis, joindre, joignant, joint.
    Conjug. de même : *rejoindre, déjoindre, disjoindre,*
    enjoindre, conjoindre, adjoindre.
Lire : je lis, je lus, lire, lisant, lu.
    Conjug. de même : *relire, élire, réélire.*
Luire : Je luis, ..., luire, luisant, lui.
    Conjug. de même : *reluire.*
Maudire : je maudis, je maudis, maudire, maudissant,
    maudit.
Mentir : je mens, je mentis, mentir, mentant, menti.
    Conjug. de même : *démentir.*
Mettre : je mets, je mis, mettre, mettant, mis.
    Conjug. de même : *admettre, promettre, com-*
    promettre, soumettre, commettre, remettre,
    démettre, entremettre, omettre, permettre,
    transmettre, émettre.
Moudre : je mouds, je moulus, moudre, moulant,
    moulu.
    Conjug. de même : *remoudre, émoudre, rémoudre*
* *Naître :* je nais, je naquis, naître, naissant, né.
Nuire : je nuis, je nuisis, nuire, nuisant, nui.
Offrir : j'offre, j'offris, offrir, offrant, offert.
    Conjug. de même : *mésoffrir.*
Oindre : j'oins, j'oignis, oindre, oignant, oint.
Ourdir : j'ourdis, j'ourdis, ourdir, ourdissant, ourdi.
Ouvrir : j'ouvre, j'ouvris, ouvrir, ouvrant, ouvert.

Conjug. de même : *couvrir, découvrir. entr'ou-vrir, recouvrir, rouvrir.*

Paître : je pais,............., paître , paissant , pû.

Paraître : je parais, je parus, paraître, paraissant, paru.
Conjug. de même : *apparaître, comparaître, dis-paraître, reparaître.*

* *Partir :* je pars, je partis , partir , partant , parti.

Peindre : je peins , je peignis , peindre , peignant , peint.
Conjug. de même : *dépeindre, repeindre, éteindre, atteindre, ceindre, enceindre, feindre, teindre, reteindre , déteindre , astreindre , étreindre, empreindre, enfreindre , restreindre, aveindre.*

Plaindre : je plains, je plaignis, plaindre, plaignant, plaint.
Conjug. de même : *contraindre, craindre.*

Plaire : je plais , je plus , plaire , plaisant , plu.
Conjug. de même : *déplaire, complaire.*

Réduire : je réduis, je réduisis, réduire, réduisant, réduit.
Conjug. de même : *conduire, reconduire, écon-duire, construire, déduire, détruire, enduire, induire, introduire, produire, reproduire, séduire, traduire.*

Renaître : je renais, je renaquis, renaître, renaissant,........

Repaître : je repais, je repus, repaître, repaissant, repu.

* *Repartir* (partir de nouveau) : je repars , je repartis , repartir, repartant, reparti.

Repartir (répliquer) : je repars , je repartis , repartir , repartant , reparti.

Répartir (partager) : je répartis , je répartis , répartir , répartissant, réparti.
Conjug. de même : *départir.*

Résoudre : je résous, je résolus , résoudre , résolvant, résolu ou résous, (résoute.)

* *Ressortir* (sortir de nouveau) : je ressors , je ressortis , ressortir, ressortant, ressorti.

Ressortir (être du ressort) : je ressortis , je ressortis ,- ressortir , ressortissant, ressorti.
Conjug. de même : *assortir, désassortir.*

Rire : je ris , je ris, rire, riant , ri.
Conjug. de même : *sourire.*

Rompre : je romps, je rompis, rompre, rompant, rompu.
Conjug. de même : *corrompre, interrompre.*

Saillir (jaillir) : je saillis, je saillis, saillir, saillissant, sailli.
(Le verbe *saillir,* être saillant, est *irrég.*)

Sentir : je sens, je sentis, sentir, sentant , senti.
Conjug. de même : *consentir, ressentir, pressentir.*

Servir : je sers , je servis , servir, servant , servi.
Conjug. de même : *desservir.*

* *Sortir* (aller dehors) : je sors, je sortis, sortir, sortan
     sorti.

Sortir (avoir, obtenir) : je sortis, je sortis, sortir, sorti
     sant, sorti.

Souffrir : je souffre, je souffris, souffrir, souffrant, souffer

Suffire : je suffis, je suffis, suffire, suffisant, suffi.

Suivre : je suis, je suivis, suivre, suivant, suivi.
     Conjug. de même : *poursuivre, s'ensuivre.*

Taire : je tais, je tus, taire, taisant, tu.

Tressaillir : je tressaille (quelques auteurs disent : j
     tressaillis), je tressaillis, tressaillir, tressail
     lant, tressailli.

Vaincre : je vaincs, je vainquis, vaincre, vainquan
     vaincu.
     Conjug. de même : *convaincre.*

Vétir : je vêts, je vêtis, vêtir, vêtant, vêtu.
     Conjug. de même : *dévétir, revétir, survétir.*

Vivre : je vis, je vécus, vivre, vivant, vécu.
     Conjug. de même : *survivre, revivre.*

90. Les verbes *naître, partir, sortir,* etc., devant les
quels il y a un astérisque *, sont des verbes (neutres) q
se conjuguent aux temps composés avec l'aux. *étre*.

DE QUELQUES VERBES IRRÉGULIERS QUI PEUVENT DEVENIR RÉGULIERS.

91. Certains verbes irréguliers dans quelques-uns d
leurs temps peuvent devenir *réguliers,* au moyen de règle
d'une application facile.

Les verbes en *cer,* comme *menacer,* prennent une cédille sous le ç, quand cette lettre est suivie d'un *a* ou d'un
o : tu *menaças,* nous *menaçons.* — Conjuguez de même

Lancer.	Bercer.	Balancer.
Effacer.	Enfoncer.	Pincer.

92. Les verbes en *ger,* comme *manger,* prennent un
e muet après le *g,* quand cette lettre est suivie d'un *a* ou
d'un *o* : tu *mangeas,* nous *mangeons.* — Conjuguez de
même :

Nager.	Corriger.	Venger.
Partager.	Voyager.	Outrager.

93. Les verbes en *eler,* comme *appeler,* doublent la
lettre *l,* quand elle est suivie d'un e *muet* : j'appelle, j'ap-
pellerai. — Conjuguez de même :

| *Chanceler.* | *Etinceler.* | *Ruisseler.* |
| *Renouveler.* | *Atteler.* | *Morceler.* |

94. Les verbes en *eller* (avec deux *l*), comme *exceller*, conservent les deux *l* dans toute la conjugaison : j'*excelle*, nous *excellons*. — Conjug. de même :

| *Quereller.* | *Flageller.* | *Seller* (un cheval). |
| *Interpeller.* | *Se rebeller.* | *Sceller* (un paquet). |

Les verbes en *êler* (avec un accent circonflexe sur l'*ê*), comme *mêler*, conservent l'accent circonflexe dans toute la conjugaison, et ne doublent pas la lettre *l* : je *mêle*, nous *mêlons*. — Conjuguez de même :

| *Démêler.* | *Entremêler.* | *Fêler.* |
| *Bêler.* | *Grêler.* | *Remêler.* |

Les verbes en *éler* (avec un accent aigu sur l'*é*), comme *révéler*, changent l'accent aigu en accent grave, lorsque dans la syllabe suivante, il y a un *e muet*; mais ils ne doublent pas l'*l* : je *révèle*, je *révèlerai*. — Conjug. de même :

| *Céler.* | *Déceler.* | *Receler.* |

95. Les verbes en *eter*, comme *jeter*, doublent la lettre *t*, quand elle est suivie d'un *e muet* : je *jette*, je *jetterai*. — Conjug. de même :

| *Projeter.* | *Cacheter.* | *Etiqueter.* |
| *Fureter.* | *Empaqueter.* | *Feuilleter.* |

96. Les verbes en *etter* (avec deux *t*), comme *regretter*, conservent les deux *t* dans toute la conjugaison : je *regrette*, nous *regrettons*. — Conjuguez de même :

| *Guetter.* | *Emietter.* | *S'endetter.* |
| *Brouetter.* | *Fouetter.* | *Facetter.* |

Les verbes en *êter* (avec un accent circonflexe sur l'*ê*), comme *fêter*, conservent l'accent circonflexe dans toute la conjugaison, et ne doublent pas la lettre *t* : je *fête*, nous *fêtons*. — Conjuguez de même :

| *Prêter.* | *Arrêter.* | *Tempêter.* |
| *Quêter.* | *Apprêter.* | *Hébéter.* |

Les verbes en *éter* (avec un accent aigu sur l'*é*), comme *compléter*, changent l'accent aigu en accent grave, lorsque dans la syllabe suivante, il y a un *e muet*; mais ils ne doublent pas le *t* : je *complète*, je *complèterai*. — Conjug. de même :

| *Végéter.* | *Empiéter.* | *Décréter.* |
| *Inquiéter.* | *Répéter.* | *Refléter.* |

97. Les verbes *mener, peser,* et autres semblables dont l'avant-dernier *e* du prés. de l'infin. n'est pas accentué, prennent un accent grave sur cet *e,* lorsque dans la syllabe suivante, il y a un *e muet* : je *mène,* je *mènerai;* je *pèse,* je *pèserai.* — Conjuguez de même :

Lever.	*Crever.*	*Amener.*
Achever.	*Dépecer.*	*Promener.*

Nota. Les verbes en *eler* et en *eter* devraient être soumis à cette règle; c'est même l'opinion de plusieurs grammairiens modernes, ils écrivent : j'*appèle,* j'*appèlerai;* je *jète,* je *jèterai.*

98. Les verbes *céder, régner,* et autres semblables dont l'avant-dernier *e* du prés. de l'inf. est accentué aigu, changent cet accent aigu en accent grave, lorsque dans la syllabe suivante, il y a un *e muet* : je *cède,* je *cèderai;* je *règne,* je *règnerai.* — Conjuguez de même :

Pénétrer.	*Régler.*	*Révéler.*
Sécher.	*Alléguer.*	*Compléter.*

99. Il faut excepter de cette règle les verbes en *éger,* comme *protéger;* et en *éer,* comme *créer ;* ils conservent l'accent aigu dans toute la conjugaison : je *protége,* je *protégerai;* je *crée,* je *créerai.* — Conjug. de même :

Abréger.	*Agréer.*
Siéger.	*Suppléer.*
Alléger.	*Récréer.*

100. Les verbes dont le part. présent est terminé en *uant,* comme *tuant, concluant,* prennent à la 1re. et à la 2e. pers. plur. de l'imp. de l'ind. et du prés. du subj. un tréma sur l'*i* de la terminaison *ions, iez* : nous *tuïons,* vous *tuïez;* q. n. *concluïons,* q. v. *concluïez.* (Sans le tréma, on prononcerait : nous *tui - ons ;* avec le tréma, on prononce : nous *tu - ï - ons.*) — Conjuguez de même :

Distribuer.	*Influer.*	*Contribuer.*
Remuer.	*Instituer.*	*Effectuer.*

101. Les 3 verbes *conclure, exclure,* et *puer,* ayant le part. prés. en *uant,* sont soumis à la même règle ; en voici les temps primitifs :

1. *Je conclus.*	1. *J'exclus.*	1. *Je pue.*
2. *Je conclus.*	2. *J'exclus.*	2. *Je puai.*
3. *Conclure.*	3. *Exclure.*	3. *Puer.*
4. *Concluant.*	4. *Excluant.*	4. *Puant.*
5. *Conclu.*	5. *Exclu (ou exclus).*	5. *Pué.*

102. Les verbes dont le part. présent est terminé en *yant* (avec un *y*), comme *employant, croyant,* changent l'*y* en *i* devant un *e muet* : *j'emploie , j'emploierai ; que je croie,* qu'il *croie.* — Conjuguez de même :

Noyer.	*Essayer.*	*Appuyer.*
Côtoyer.	*Effrayer.*	*Ennuyer.*

Nota. Ces mêmes verbes, en *yant,* prennent à la 1re. et à la 2e. pers. plur. de l'imp. de l'ind. et du prés. du subj., un *i* après l'*y* : n. *employions,* v. *employiez;* q. n. *croyions,* q. v. *croyiez;* parce qu'en changeant *ant* en *ions, iez,* il y a un *i* dans la terminaison et un *y* dans la racine. — (Voyez la formation des temps nº. 76.)

103. Les 3 verbes *croire, fuir,* et *traire,* ayant le part. prés. en *yant,* sont soumis à la même règle; en voici les temps primitifs :

1. *Je crois.*	1. *Je fuis.*	1. *Je trais.*
2. *Je crus.*	2. *Je fuis.*	2. . . . . .
3. *Croire.*	3. *Fuir.*	3. *Traire.*
4. *Croyant.*	4. *Fuyant.*	4. *Trayant.*
5. *Cru.*	5. *Fui.*	5. *Trait.*

Conjuguez le verbe *s'enfuir* sur le verbe *fuir.*

Conjuguez les verbes suivants sur le verbe *traire :*

Distraire.	*Retraire.*	*Attraire.*
Soustraire.	*Abstraire.*	*Rentraire.*
Extraire.		

DES 33 VERBES IRRÉGULIERS (*).

104. Il a été dit au nº. 80, qu'on ne doit donner le nom d'*irréguliers* qu'aux verbes qui ne suivent pas , dans quelques-uns de leurs temps, ou seulement dans quelques-unes de leurs personnes , les règles de la formation des temps.

(*) Je ne crois pas inutile de faire remarquer qu'on ne trouve dans aucune grammaire le système de conjugaison exposé ici, système qui consiste à n'admettre quatre conjugaisons, qu'au prés. de l'infinitif, et à les rejeter partout ailleurs ; de plus, à faire à tous les verbes l'application de la *formation des temps,* et cela avec une exactitude tellement rigoureuse que sur les 4625 verbes, il n'y en a que 33 qui ne

Voici les 33 verbes irréguliers de la lang. française, avec leurs *Temps primitifs* et leurs *Irrégularités*.

ACQUÉRIR : j'acquiers, j'acquis, acquérir, acquérant, acquis.

IRRÉGULARITÉS : *Ind. prés.* ils acquièrent. *Futur.* j'acquerrai, etc. *Subj. prés.* q. j'acquière, q. tu acquières, qu'il acquière, qu'ils acquièrent. — (Conjug. de même : *conquérir, reconquérir, requérir, s'enquérir.*)

NOTA. L'*etc.* signifie que le *reste du temps* est *irrégulier.* — Quand le fut. est irrég., le condit. l'est aussi.

ALLER : je vais, j'allai, aller, allant, allé.

IRRÉG. : *Ind. prés.* tu vas, il va, ils vont. *Futur.* j'irai, etc. *Impér.* va. *Subj. prés.* que j'aille, que tu ailles, qu'il aille, qu'ils aillent.

APERCEVOIR : j'aperçois, j'aperçus, apercevoir, apercevant, aperçu.

IRRÉG. : *Ind. prés.* ils aperçoivent. *Subj. prés.* q. j'aperçoive, q. tu aperçoives, qu'il aperçoive, qu'ils aperçoivent. — (Conjug. de même : *concevoir, décevoir, percevoir, recevoir.*)

ASSEOIR : j'assieds, j'assis, asseoir, asseyant, assis.

IRRÉG. : *Futur.* j'assiérai, ou j'asseierai, etc. — (Conjug. de même : *rasseoir.*)

AVOIR : j'ai, j'eus, avoir, ayant, eu.

IRRÉG. : *Ind. présent.* tu as, il a, n. avons, v. avez, ils ont. *Imparf.* j'avais, etc. *Futur.* j'aurai, etc. *Impér.* aie. *Subj. prés.* qu'il ait, q. n. ayons, q. v. ayez.

BOIRE : je bois, je bus, boire, buvant, bu.

IRRÉG : *Ind. prés.* ils boivent. *Subj. prés.* q. je boive, que tu boives, qu'il boive, qu'ils boivent.—(Conjug. de même : *reboire, s'emboire.*)

COURIR : je cours, je courus, courir, courant, couru.

IRRÉG. : *Futur.* je courrai, etc. — (Conjug. de même : *accourir, concourir, discourir, encourir, parcourir, recourir, secourir.*)

---

peuvent pas se soumettre à ces règles; tandis que les autres grammairiens, partant d'un autre principe, celui des 4 conjugaisons-modèles : *aimer, finir, recevoir* et *rendre*, comptent les verbes irréguliers par centaines. — C'est ce que j'ai prouvé dans un ouvrage intitulé : *Mécanisme de la conjugaison française*, et *Application de ce mécanisme à plus de 1600 verbes considérés mal-à-propos, par la plupart des grammairiens, comme difficiles ou irréguliers.* J'ai présenté cet ouvrage, fruit de longues recherches, à l'Académie royale des sciences, belles-lettres et arts de Bordeaux, m'a décerné à ce sujet une médaille d'argent, en 1830.

CUEILLIR : je cueille, je cueillis, cueillir, cueillant, cueilli.

Irrég. : *Futur.* je cueillerai, etc. — (Conjug. de même : *accueillir, recueillir.*)

DÉCHOIR : je déchois, je déchus, déchoir, déchoyant, déchu.

Irrég. : *Fut.* je décherrai, etc.

DEVOIR : je dois, je dus, devoir, devant, dû, (due, dus, dues.)

Irrég. : *Ind. prés.* ils doivent. *Subj. prés.* q. je doive, que tu doives, qu'il doive, qu'ils doivent. — (Conjug. de même : *redevoir.*)

DIRE : je dis, je dis, dire, disant, dit.

Irrég. : *Ind. prés.* vous dites. *Impér.* dites. — (Conjug. de même : *redire.*)

ÉCHOIR : j'échois, j'échus, échoir, échéant, échu.

Irrég. : *Ind. prés.* n. échoyons, v. échoyez, ils échoient. *Futur.* j'écherrai, etc. *Subj. prés.* q. j'échoie, etc.

ENVOYER : j'envoie, j'envoyai, envoyer, envoyant, envoyé.

Irrég. : *Futur.* j'enverrai, etc. — (Conjug. de même : *renvoyer*).

ÊTRE : je suis, je fus, être, étant, été.

Irrég. : *Ind. prés.* tu es, il est, n. sommes, v. êtes, ils sont. *Futur.* je serai, etc. *Impér.* sois, soyons, soyez. *Subj. prés.* q. je sois, q. tu sois, qu'il soit, q. n. soyons, q. v. soyez, qu'ils soient.

FAILLIR : je faux, je faillis, faillir, faillant, failli.

Irrég. : *Futur.* je faudrai, etc.

FAIRE : je fais, je fis, faire, faisant, fait.

Irrég. : *Ind. prés.* v. faites, ils font. *Futur.* je ferai, etc. *Impér.* faites. *Subj. prés.* que je fasse, etc. — (Conjug. de même : *contrefaire, défaire, forfaire, méfaire, parfaire, refaire, redéfaire, satisfaire, surfaire.*)

FALLOIR : il faut, il fallut, falloir, fallant, fallu.

Irrég. : *Futur.* il faudra. *Subj. prés.* qu'il faille.

MOURIR : je meurs, je mourus, mourir, mourant, mort.

Irrég. : *Ind. prés.* ils meurent. *Futur.* je mourrai, etc. *Subj. prés.* q. je meure, q. tu meures, qu'il meure, qu'ils meurent.

MOUVOIR : je meus, je mus, mouvoir, mouvant, mu.

Irrég. : *Ind. prés.* ils meuvent. *Subj. prés.* q. je meuve, que tu meuves, qu'il meuve, qu'ils meuvent. — (Conjug. de même : *émouvoir, démouvoir, promouvoir.*)

OUÏR : j'ois, j'ouïs, ouïr, oyant, ouï.

Irrég. : *Futur.* j'oirai, etc.

POURVOIR : je pourvois, je pourvus, pourvoir, pourvoyant, pourvu.

Irrég. : *Futur.* je pourvoirai, etc. — (Conjug. de même : *dépourvoir.*)

POUVOIR : je peux ou je puis, je pus, pouvoir, pouvant, pu.

Irrég. : *Ind. prés.* ils peuvent. *Futur.* je pourrai, etc. *Subj. prés.* q. je puisse, etc.

PRENDRE : je prends, je pris, prendre, prenant, pris.

Irrég. : *Ind. présent.* ils prennent. *Subj. prés.* q. je prenne, que tu prennes, qu'il prenne, qu'ils prennent. — (Conjug. de même : *apprendre, comprendre, désapprendre, entreprendre, se méprendre, rapprendre, reprendre, surprendre.*)

PRÉVALOIR : je prévaux, je prévalus, prévaloir, prévalant, prévalu.

Irrég. : *Futur.* je prévaudrai, etc.

PRÉVOIR : je prévois, je prévis, prévoir, prévoyant, prévu.

Irrég. : *Futur.* je prévoirai, etc.

SAILLIR *(être saillant) :* il saille, il saillit, saillir, saillant, sailli.

Irrég. : *Futur.* il saillera, ils sailleront.

SAVOIR : je sais, je sus, savoir, sachant, su.

Irrég. : *Ind. prés.* n. savons, v. savez, ils savent. *Imparf.* je savais, etc. *Futur.* je saurai, etc. *Impér.* sache.

SEOIR *(être convenable) :* il sied, ..., seoir, seyant, ...

Irrég. : *Ind. prés.* ils siéent. *Futur.* il siéra, ils siéront. *Subj. prés.* qu'il siée, qu'ils siéent. — (Conjug. de même : *messeoir.*)

SURSEOIR : je sursois, je sursis, surseoir, sursoyant, sursis.

Irrég. : *Futur.* je surseoirai, etc.

TENIR : je tiens, je tins, tenir, tenant, tenu.

Irrég. : *Ind. pr.* ils tiennent, *Futur.* je tiendrai, etc. *Subj. prés.* q. je tienne, q. tu tiennes, qu'il tienne, qu'ils tiennent. — (Conjug. de même : *s'abstenir, appartenir, contenir, détenir, entretenir, maintenir, obtenir, retenir, soutenir. — Venir, circonvenir, convenir, contrevenir, devenir, disconvenir, intervenir, parvenir, prévenir, provenir, revenir, redevenir, se ressouvenir, se souvenir, subvenir, survenir.*)

VALOIR : je vaux, je valus, valoir, valant, valu.

Irrég. : *Futur.* je vaudrai, etc. *Subj. prés.* q. je vaille, q.

tu vailles, qu'il vaille, qu'ils vaillent. — (Conjug de même : *équivaloir, revaloir*.)

VOIR : je vois, je vis, voir, voyant, vu.

Irrég. : *Futur*. je verrai, etc. — (Conjug. de même : *entrevoir, revoir*.)

VOULOIR : je veux, je voulus, vouloir, voulant, voulu.

Irrég. : *Ind. prés*. ils veulent. *Futur*. je voudrai, etc. *Impérat*. veuille. veuillons, veuillez, *Subj. prés*. q. je veuille, q. tu veuilles, qu'il veuille, qu'ils veuillent.

CONJUGAISON DES DIFFÉRENTES ESPÈCES DE VERBES.

105. La définition des différentes espèces de verbes se trouve dans la seconde partie de cette grammaire, intitulée : *Analyse grammaticale ;* il ne sera question ici que de la *Conjugaison* de ces différentes espèces de verbes :

Modèle d'un verbe neutre prenant l'auxiliaire être *aux temps composés :*

ARRIVER.

INDICATIF.

PRÉSENT.

J'arrive.
Tu arrives.
Il arrive.
Nous arrivons.
Vous arrivez.
Ils arrivent.

IMPARFAIT.

J'arrivais.
Tu arrivais.
Il arrivait.
Nous arrivions.
Vous arriviez.
Ils arrivaient.

PRÉTÉRIT DÉFINI.

J'arrivai.
Tu arrivas.
Il arriva.
Nous arrivâmes.
Vous arrivâtes.
Ils arrivèrent.

PRÉTÉRIT INDÉFINI.

Je suis arrivé.
Tu es arrivé.
Il est arrivé.

Nous sommes arrivés.
Vous êtes arrivés.
Ils sont arrivés.

PRÉTÉRIT ANTÉRIEUR.

Je fus arrivé.
Tu fus arrivé.
Il fut arrivé.
Nous fûmes arrivés.
Vous fûtes arrivés.
Ils furent arrivés.

PLUSQUE-PARFAIT.

J'étais arrivé.
Tu étais arrivé.
Il était arrivé.
Nous étions arrivés.
Vous étiez arrivés.
Ils étaient arrivés.

FUTUR SIMPLE.

J'arriverai.
Tu arriveras.
Il arrivera.
Nous arriverons.
Vous arriverez.
Ils arriveront.

FUTUR COMPOSÉ.

Je serai arrivé.

Tu seras arrivé.
Il sera arrivé.
Nous serons arrivés.
Vous serez arrivés.
Ils seront arrivés.

CONDITIONNEL.

PRÉS. ET FUTUR.

J'arriverais.
Tu arriverais.
Il arriverait.
Nous arriverions.
Vous arriveriez.
Ils arriveraient.

PASSÉ.

Je serais arrivé.
Tu serais arrivé.
Il serait arrivé.
Nous serions arrivés.
Vous seriez arrivés.
Ils seraient arrivés.

AUTRE PASSÉ.

Je fusse arrivé.
Tu fusses arrivé.
Il fût arrivé.
Nous fussions arrivés.
Vous fussiez arrivés.
Ils fussent arrivés.

IMPÉRATIF.

PRÉSENT ET FUTUR.

. . . .
Arrive.
. . . .
Arrivons.
Arrivez.
. . . .

SUBJONCTIF.

PRÉSENT ET FUTUR.

Que j'arrive.
Que tu arrives.

Qu'il arrive.
Que nous arrivions.
Que vous arriviez.
Qu'ils arrivent.

IMPARFAIT.

Que j'arrivasse.
Que tu arrivasses.
Qu'il arrivât.
Que nous arrivassions.
Que vous arrivassiez.
Qu'ils arrivassent.

PRÉTÉRIT.

Que je sois arrivé.
Que tu sois arrivé.
Qu'il soit arrivé.
Que nous soyons arrivés.
Que vous soyez arrivés.
Qu'ils soient arrivés.

PLUSQUE-PARFAIT.

Que je fusse arrivé.
Que tu fusses arrivé.
Qu'il fût arrivé.
Que nous fussions arrivés.
Que vous fussiez arrivés.
Qu'ils fussent arrivés.

INFINITIF.

PRÉSENT ET FUTUR.

Arriver.

PRÉTÉRIT.

Être arrivé.

PARTICIPE PRÉSENT.

Arrivant.

PARTICIPE PASSÉ.

Arrivé, arrivée.
Arrivés, arrivées.
Etant arrivé.

Conjuguez sur ce modèle les verbes suivants :

Monter,	*Passer,*	*Tomber,*
Entrer,	*Partir,*	*Rentrer,*
Rester,	*Sortir,*	*Repartir,*
Descendre,	*Demeurer,*	*Ressortir.*

106. Il y a environ 600 verbes neutres dans la langue française ; sur ce nombre, 60 prennent l'aux. *être* aux temps composés ; les voici, rangés par ordre alphabétique :

Aller.	Disconvenir.	* Rentrer.
Arriver.	* Dégénérer.	Retomber.
* Accroître.	* Échoir.	* Redescendre.
* Accourir.	* Entrer.	* Remonter.
* Apparaître.	* Échapper.	* Repartir.
* Cesser.	Éclore.	* Repasser.
* Croître.	* Expirer.	* Réchapper.
Choir.	* Embellir.	* Recroître.
Contrevenir.	* Échouer.	Revenir.
* Convenir.	* Grandir.	* Rester.
* Changer.	Intervenir.	* Ressortir.
* Comparaître.	Issir.	* Rajeunir.
* Déchoir.	* Monter.	Redevenir.
Décéder.	Mourir.	* Sonner.
* Descendre.	Naître.	* Sortir
Devenir.	* Périr.	Survenir.
* Décroître.	Parvenir.	Tomber.
* Déborder.	Provenir.	* Trépasser.
* Demeurer.	* Passer.	Venir.
* Disparaître.	* Partir.	* Vieillir.

Les verbes marqués d'un astérisque se conjuguent aussi, dans certains cas, avec l'auxiliaire *avoir* ; c'est :

1°. Quand ils sont employés dans un sens actif, c'est-à-dire quand ils ont un régime direct : Il A *monté* l'escalier. (*Voyez l'Analyse grammaticale*, n°. 132.)

2°. Quand l'idée que l'on veut principalement exprimer est une *action*, (et non un état) : La rivière A *monté* rapidement.

3°. Quand on veut changer la signification du verbe : Cette maison nous A *convenu*, (c'est-à-dire, nous *a été convenable*) ; nous SOMMES *convenus* du prix, (c'est-à-dire nous *sommes demeurés d'accord* pour le prix).

---

107. *Modèle d'un verbe pronominal :*
SE FLATTER.

INDICATIF.

PRÉSENT.	IMPARFAIT.
Je me flatte.	Je me flattais.
Tu te flattes.	Tu te flattais.
Il se flatte.	Il se flattait.
Nous nous flattons.	Nous nous flattions.
Vous vous flattez.	Vous vous flattiez.
Ils se flattent.	Ils se flattaient.

PRÉTÉRIT DÉFINI.

Je me flattai.
Tu te flattas.
Il se flatta.
Nous nous flattâmes.
Vous vous flattâtes.
Ils se flattèrent.

PRÉTÉRIT INDÉFINI.

Je me suis flatté.
Tu t'es flatté.
Il s'est flatté.
Nous nous sommes flattés.
Vous vous êtes flattés.
Ils se sont flattés.

PRÉTÉRIT ANTÉRIEUR.

Je me fus flatté.
Tu te fus flatté.
Il se fut flatté.
Nous nous fûmes flattés.
Vous vous fûtes flattés.
Ils se furent flattés.

PLUSQUE-PARFAIT.

Je m'étais flatté.
Tu t'étais flatté.
Il s'était flatté.
Nous nous étions flattés.
Vous vous étiez flattés.
Ils s'étaient flattés.

FUTUR SIMPLE.

Je me flatterai.
Tu te flatteras.
Il se flattera.
Nous nous flatterons.
Vous vous flatterez.
Ils se flatteront.

FUTUR COMPOSÉ.

Je me serai flatté.
Tu te seras flatté.
Il se sera flatté.
Nous nous serons flattés.
Vous vous serez flattés.
Ils se seront flattés.

CONDITIONNEL.

PRÉSENT ET FUTUR.

Je me flatterais. .
Tu te flatterais.

Il se flatterait.
Nous nous flatterions.
Vous vous flatteriez.
Ils se flatteraient.

PASSÉ.

Je me serais flatté.
Tu te serais flatté.
Il se serait flatté.
Nous nous serions flattés.
Vous vous seriez flattés.
Ils se seraient flattés.

AUTRE PASSÉ.

Je me fusse flatté.
Tu te fusses flatté.
Il se fût flatté.
Nous nous fussions flattés.
Vous vous fussiez flattés.
Ils se fussent flattés.

IMPÉRATIF.

PRÉSENT ET FUTUR.

. . . .
Flatte-toi.
. . . .
Flattons-nous.
Flattez-vous.
. . . .

SUBJONCTIF.

PRÉSENT ET FUTUR.

Que je me flatte.
Que tu te flattes.
Qu'il se flatte.
Que nous nous flattions.
Que vous vous flattiez.
Qu'ils se flattent.

IMPARFAIT.

Que je me flattasse.
Que tu te flattasses.
Qu'il se flattât.
Que nous nous flattassions.
Que vous vous flattassiez.
Qu'ils se flattassent.

PRÉTÉRIT.

Que je me sois flatté.
Que tu te sois flatté.
Qu'il se soit flatté.

Que nous nous soyons flattés.
Que vous vous soyez flattés.
Qu'ils se soient flattés.

PLUSQUE-PARFAIT.

Que je me fusse flatté.
Que tu te fusses flatté.
Qu'il se fût flatté.
Que nous n. fussions flattés.
Que vous vous fussiez flattés.
Qu'ils se fussent flattés.

INFINITIF.

PRÉSENT ET FUTUR.

Se flatter.

PRÉTÉRIT.

S'être flatté.

PARTICIPE PRÉSENT.

Se flattant.

PARTICIPE PASSÉ.

Flatté, flattée.
Flattés, flattées.
S'étant flatté.

Conjuguez sur ce modèle les verbes suivants :

Se tourner,	*Se blesser,*	*Se perdre,*
Se reposer,	*Se coucher,*	*Se mordre,*
S'habiller,	*Se divertir,*	*Se convertir,*
Se tromper,	*S'apercevoir,*	*Se dessaisir.*

108. *Modèle d'un verbe passif:*
ÊTRE REGARDÉ.

INDICATIF.

PRÉSENT.

Je suis regardé.
Tu es regardé.
Il est regardé.
Nous sommes regardés.
Vous êtes regardés.
Ils sont regardés.

IMPARFAIT.

J'étais regardé.
Tu étais regardé.
Il était regardé.
Nous étions regardés.
Vous étiez regardés.
Ils étaient regardés.

PRÉTÉRIT DÉFINI.

Je fus regardé.
Tu fus regardé.
Il fut regardé.
Nous fûmes regardés.
Vous fûtes regardés.
Ils furent regardés.

PRÉTÉRIT INDÉFINI.

J'ai été regardé.
Tu as été regardé.
Il a été regardé.
Nous avons été regardés.
Vous avez été regardés.
Ils ont été regardés.

PRÉTÉRIT ANTÉRIEUR.

J'eus été regardé.
Tu eus été regardé.
Il eut été regardé.
Nous eûmes été regardés.
Vous eûtes été regardés.
Ils eurent été regardés.

PLUSQUE-PARFAIT.

J'avais été regardé.
Tu avais été regardé.
Il avait été regardé.
Nous avions été regardés.
Vous aviez été regardés.
Ils avaient été regardés.

FUTUR SIMPLE.

Je serai regardé.
Tu seras regardé.
Il sera regardé.
Nous serons regardés.
Vous serez regardés.
Ils seront regardés.

FUTUR COMPOSÉ.

J'aurai été regardé.
Tu auras été regardé.
Il aura été regardé.
Nous aurons été regardés.
Vous aurez été regardés.
Ils auront été regardés.

CONDITIONNEL.

PRÉSENT ET FUTUR.

Je serais regardé.
Tu serais regardé.
Il serait regardé.
Nous serions regardés.
Vous seriez regardés.
Ils seraient regardés.

PASSÉ.

J'aurais été regardé.
Tu aurais été regardé.
Il aurait été regardé.
Nous aurions été regardés.
Vous auriez été regardés.
Ils auraient été regardés.

AUTRE PASSÉ.

J'eusse été regardé.
Tu eusses été regardé.
Il eût été regardé.
Nous eussions été regardés.
Vous eussiez été regardés.
Ils eussent été regardés.

IMPÉRATIF.

PRÉSENT ET FUTUR.

. . . .
Sois regardé.
. . . .
Soyons regardés.

Soyez regardés.
. . . .

SUBJONCTIF.

PRÉSENT ET FUTUR.

Que je sois regardé.
Que tu sois regardé.
Qu'il soit regardé.
Que nous soyons regardés.
Que vous soyez regardés.
Qu'ils soient regardés.

IMPARFAIT.

Que je fusse regardé.
Que tu fusses regardé.
Qu'il fût regardé.
Que nous fussions regardés.
Que vous fussiez regardés.
Qu'ils fussent regardés.

PRÉTÉRIT.

Que j'aie été regardé.
Que tu aies été regardé.
Qu'il ait été regardé.
Que nous ayons été regardés.
Que vous ayez été regardés.
Qu'ils aient été regardés.

PLUSQUE-PARFAIT.

Que j'eusse été regardé.
Que tu eusses été regardé.
Qu'il eût été regardé.
Que n. eussions été regardés.
Que v. eussiez été regardés.
Qu'ils eussent été regardés.

INFINITIF.

PRÉSENT ET FUTUR.

Être regardé.

PRÉTÉRIT.

Avoir été regardé.

PARTICIPE PRÉSENT.

Étant regardé.

PARTICIPE PASSÉ.

Ayant été regardé.

Conjuguez sur ce modèle les verbes suivants :

être aimé,	*être guéri,*	*être trahi,*
être cherché,	*être aperçu,*	*être vu,*

être embrassé,   être battu,   être entendu,
être averti,   être reçu,   être perdu.

109.   *Modèle d'un verbe unipersonnel :*
       PLEUVOIR.

INDICATIF.	IMPÉRATIF.

PRÉSENT.

Il pleut.

IMPARFAIT.

Il pleuvait.

PRÉTÉRIT DÉFINI.

Il plut.

PRÉTÉRIT INDÉFINI.

Il a plu.

PRÉTÉRIT ANTÉRIEUR.

Il eut plu.

PLUSQUE-PARFAIT.

Il avait plu.

FUTUR SIMPLE.

Il pleuvra.

FUTUR COMPOSÉ.

Il aura plu.

CONDITIONNEL.

PRÉSENT ET FUTUR.

Il pleuvrait.

PASSÉ.

Il aurait plu.

AUTRE PASSÉ.

Il eût plu.

IMPÉRATIF.

PRÉSENT ET FUTUR.

. . . .

SUBJONCTIF.

PRÉSENT ET FUTUR.

Qu'il pleuve.

IMPARFAIT.

Qu'il plût.

PRÉTÉRIT.

Qu'il ait plu.

PLUSQUE-PARFAIT.

Qu'il eût plu.

INFINITIF.

PRÉSENT ET FUTUR.

Pleuvoir.

PRÉTÉRIT.

Avoir plu.

PARTICIPE PRÉSENT.

Pleuvant.

PARTICIPE PASSÉ.

Plu.
Ayant plu.

Conjuguez sur ce modèle les verbes suivants :

Tonner,   Grêler,   Importer,
Venter,   Résulter,   Neiger.

110. *Modèle d'un verbe conjugué avec interrogation :*
     CHANTER ?

INDICATIF.
PRÉSENT.

Chanté-je ?
Chantes-tu ?

Chante-t-il ?
Chantons-nous ?
Chantez-vous ?
Chantent-ils ?

IMPARFAIT.

Chantais-je ?
Chantais-tu ?
Chantait-il ?
Chantions-nous ?
Chantiez-vous ?
Chantaient-ils ?

PRÉTÉRIT DÉFINI.

Chantai-je ?
Chantas-tu ?
Chanta-t-il ?
Chantâmes-nous ?
Chantâtes-vous ?
Chantèrent-ils ?

PRÉTÉRIT INDÉFINI.

Ai-je chanté ?
As-tu chanté ?
A-t-il chanté ?
Avons-nous chanté ?
Avez-vous chanté ?
Ont-ils chanté ?

PRÉTÉRIT ANTÉRIEUR.

. . . .
. . . .
. . . .
. . . .
. . . .

PLUSQUE-PARFAIT.

Avais-je chanté ?
Avais-tu chanté ?
Avait-il chanté ?
Avions-nous chanté ?
Aviez-vous chanté ?
Avaient-ils chanté ?

FUTUR SIMPLE.

Chanterai-je ?
Chanteras-tu ?

Chantera-t-il ?
Chanterons-nous ?
Chanterez-vous ?
Chanteront-ils ?

FUTUR COMPOSÉ.

Aurai-je chanté ?
Auras-tu chanté ?
Aura-t-il chanté ?
Aurons-nous chanté ?
Aurez-vous chanté ?
Auront-ils chanté ?

CONDITIONNEL.

PRÉSENT ET FUTUR.

Chanterais-je ?
Chanterais-tu ?
Chanterait-il ?
Chanterions-nous ?
Chanteriez-vous ?
Chanteraient-ils ?

PASSÉ.

Aurais-je chanté ?
Aurais-tu chanté ?
Aurait-il chanté ?
Aurions-nous chanté ?
Auriez-vous chanté ?
Auraient-ils chanté ?

AUTRE PASSÉ.

Eussé-je chanté ?
Eusses-tu chanté ?
Eût-il chanté ?
Eussions-nous chanté ?
Eussiez-vous chanté ?
Eussent-ils chanté ?

Les verb. conjugués avec interrog. n'ont pas d'autres temps.

Conjuguez sur ce modèle les verbes suivants :

| *Parler ?* | *Avertir ?* | *Entendre ?* |
| *Regarder ?* | *Apercevoir ?* | *Fermer ?* |

111. Il y a 3 choses à observer dans toute l'étendue d'un verbe conjugué avec interrogation :

1º. Le pronom est placé après le verbe.

2º. Un trait d'union joint le pronom au verbe.

3º. Un point d'interrogation est placé après le verbe,

pour avertir l'œil que le verbe est conjugué interrogati-
vement.

112. Il faut remarquer à la 1re. pers. du singulier, que
lorsque le verbe est terminé par un *e muet*, on met un
accent aigu sur cet *e muet : regardé-je? eussé-je regardé?*

Cet accent aigu s'appelle *accent euphonique*, (c'est-à-
dire servant à adoucir la prononciation.)

113. Il faut observer à la 3e. pers. du singulier, que
lorsque le verbe est terminé par une voyelle, on met un
t euphonique entre le verbe et les pronoms *il, elle, on :
regarde-t-il? regarda-t-elle? regardera-t-on?*

114. Un verbe ne peut pas se conjuguer par interrogation à tous les temps; on doit s'arrêter au second passé du
conditionnel.

Il ne peut pas même se conjuguer au prét. antérieur; car
si l'on rencontre quelquefois ce temps avec le pronom placé
après le verbe, ce n'est pas qu'il y ait interrogation (car on
n'interroge jamais au prét. antérieur), mais il y a *inversion*,
c'est-à-dire renversement de l'ordre des mots : *à peine
EUS-JE REGARDÉ que je m'en aperçus;* on pourrait dire sans
inversion : *à peine j'EUS REGARDÉ que je m'en aperçus.*

2e. PARTIE : ANALYSE GRAMMATICALE.

L'analyse est le bâton que la nature a donné aux aveugles.
VOLTAIRE.

DE L'ANALYSE GRAMMATICALE, EN QUOI ELLE CONSISTE.

* 1. *Analyser* signifie rendre compte de quelque chose,
après un examen attentif de toutes ses parties.

2. *Faire l'Analyse grammaticale*, c'est rendre compte
de tous les mots d'une phrase.

* 3. Quand on fait l'analyse grammaticale d'une phrase,
on peut considérer les mots sous deux points de vue :
1°. *isolément;* 2°. *en rapport les uns avec les autres;*
ce qui divise naturellement l'analyse grammaticale en
2 parties.

* 4. Dans la 1re. partie, c'est-à-dire quand on considère
les mots isolément, il faut prendre séparément chaque mot
pour déterminer la *Partie du discours* à laquelle il appartient, puis désigner le *Genre*, le *Nombre*, la *Personne*, le
Mode et le *Temps*, des mots qui sont susceptibles d'é-
prouver ces divers accidents.

Par *Accidents*, on entend ici ce qui peut survenir à un mot : un mot peut changer de *genres*, de *nombres*, de *personnes*, etc., etc.

* 5. Dans la 2ᵉ. partie, c'est-à-dire quand on considère les mots dans les rapports qu'ils ont entr'eux, il faut désigner le *Nominatif* ou *Sujet*, le *Régime* ou *Complément*, le *Vocatif*, le *Qualificatif*, le *Modificatif*, et le *Déterminatif*.

(Voyez ci-après un Modèle d'analyse grammaticale.)

1ʳᵉ. PARTIE DE L'ANALYSE :
Classification et accidents des mots.

DES DIX ESPÈCES DE MOTS.

6. Il y a dans la langue française 10 Espèces de Mots, savoir : le Substantif (ou le Nom), l'Article, l'Adjectif, le Pronom, le Verbe, le Participe, la Préposition, l'Adverbe, la Conjonction, et l'Interjection.

7. On appelle aussi ces 10 Espèces de Mots, les 10 *Parties du Discours*.

8. Le *Substantif* (ou le Nom) est un mot qui désigne une personne : *père;* un animal : *chien;* ou une chose : *table.*

9. Le mot *Substantif* vient du mot *Substance*, c'est-à-dire matière dont une chose est faite.

10. L'*Article* (le, la, les) est un mot qui se place devant le substantif pour le déterminer, c'est-à-dire pour le faire prendre dans un sens particulier, pour empêcher qu'il ne soit pris dans un sens vague. Ainsi, quand je dis : *donnez-moi* LE *dictionnaire*, je veux parler d'un dictionnaire déjà connu, c'est celui dont on se sert habituellement, et non le premier dictionnaire venu. — *Avancez* LA *table* ; il s'agit ici d'une table qui est là, près de nous, et non d'une table quelconque. — *Faites venir* LES *enfants*, c'est-à-dire les enfants de la maison, ou ceux dont on a déjà parlé, et non les premiers enfants venus.

11. L'*Adjectif* est un mot ajouté au substantif pour le qualifier, ou pour le déterminer.

12. Qualifier un substantif, c'est exprimer sa manière d'être, sa qualité : *voici un* BON *livre.*

13. Déterminer un substantif, c'est le faire prendre dans un sens particulier (comme l'article) : CE *livre m'appartient.*

14. Le mot *adjectif* vient du vieux mot *adjouté* (maintenant *ajouté*); en effet, l'adjectif est ajouté au substantif,

15. Le *Pronom* est un mot qui tient la place du substantif : *mon père est absent,* IL *reviendra demain.*

16. Le mot *pronom* vient du mot latin *pro,* qui signifie *pour,* et du mot *nom ;* en effet, le pronom est employé *pour* le *nom,* à la place du nom ou substantif.

17. Le *Verbe* est un mot qui exprime une action ou un état : *cet homme* COURT *dans les champs, cet enfant* SOUFFRE *beaucoup.*

18. Le *Participe* est un mot qui tient de la nature du verbe et de la nature de l'adj. qualificatif; c'est-à-dire que le participe exprime une action ou un état (comme le verbe), ou une qualité (comme l'adj. qualif.) : *un homme* COURANT *dans les champs, un enfant* SOUFFRANT *beaucoup.* — *Cet homme a* COURU. *Voici un livre* ESTIMÉ.

19. Le mot *participe* vient du mot *participer;* en effet, cette espèce de mot participe ou tient de la nature du verbe et de la nature de l'adj. qualificatif.

20. La *Préposition* est un mot qui précède le substantif, le pronom, et l'infinitif, pour former ce qu'on appelle un régime ou complément indirect : *je viens* DE *Paris. Je vais* CHEZ *lui. Je travaille* POUR *vivre.*

21. Le mot *préposition* vient du mot *pré (précéder),* et du mot *position ;* en effet, la préposition est un mot dont la *position précède* le régime ou complément.

22. L'*Adverbe* est un mot ajouté au verbe, au participe, à l'adj. qualif., ou à un autre adverbe, pour les modifier, c'est-à-dire pour exprimer une des neuf choses suivantes :

1°. La manière : cet enfant parle *bien.*

2°. L'ordre : *premièrement* vous écrirez, *secondemen* vous lirez, *ensuite* vous sortirez.

3°. Le lieu : venez *ici, où* êtes-vous? asseyez-vous *là.*

4°. Le temps : vous viendrez *demain.* Il est arrivé *hier.* Il part *aujourd'hui.*

5°. La quantité : il a *beaucoup* d'enfants. Il boit *peu* de vin.

6°. La comparaison : il est *plus* sage que vous. Il est *moins* grand que toi.

7°. L'affirmation : *oui,* je le ferai *certainement.*

8°. La négation : *non,* je *ne* le ferai *pas.*

9°. Le doute : je le ferai *probablement.*

23. Le mot *Adverbe* vient du mot *ad (adjouté),* et du mot *verbe ;* en effet, l'adverbe est *ajouté* principalement au *verbe.*

24. La *Conjonction* est un mot qui sert à lier un mot à

un autre mot, ou une phrase à une autre phrase : *Il est instruit* ET *modeste. Il parle peu* ET *il réfléchit beaucoup.*

25. Le mot *conjonction* vient du mot *jonction* (action de joindre); en effet, la conjonction sert à opérer la jonction de deux mots ou de deux phrases.

26. L'*Interjection* est un mot qui sert à jeter un cri, pour exprimer un sentiment de joie, de douleur, d'étonnement, etc. : AH! *quel bonheur!* OH! *que je souffre!* HA! *j'ai eu peur!*

DES MOTS VARIABLES ET DES MOTS INVARIABLES.

27. Un mot *variable* est celui dont la terminaison change pour exprimer, ou le genre, ou le nombre, ou la personne, ou le mode, ou le temps.

28. Un mot *invariable* est celui dont la terminaison ne change pas, et qui par conséquent n'a ni genre, ni nombre, etc.

29. Il y a 6 espèces de mots variables; savoir : le *substantif*, l'*article*, l'*adjectif*, le *pronom*, le *verbe*, et le *participe.*

30. Il y a 4 espèces de mots invariables; savoir : la *préposition*, l'*adverbe*, la *conjonction*, et l'*interjection.*

DES DIFFÉRENTES SORTES DE SUBSTANTIFS.

31. Il y a 8 sortes de substantifs; savoir : le subst. physique ou matériel, le subst. métaphysique ou immatériel, le subst. commun, le subst. propre, le subst. collectif, le subst. composé, le subst. étranger, et le subst. accidentel.

32. Le subst. physique ou matériel est celui qui désigne un être (personne, animal, chose) que nous pouvons voir ou toucher, ou sentir, ou entendre, en un mot qui fait impression sur un ou plusieurs de nos sens : *bois, air, feu, soleil,* etc.

33. Le subst. métaphysique ou immatériel est celui qui désigne un objet qui n'existe que dans notre esprit, dans notre imagination : le *mensonge*, la *vérité*, le *desir*, la *justice*, etc.

34. Le subst. commun est celui qui désigne un être qui n'est pas seul de son espèce : *arbre, table, cheval, père,* etc. — Ces mots sont des noms qui sont *communs* à plusieurs êtres de même espèce.

35. Le subst. propre est celui qui désigne un être qui est seul de son espèce : *Dieu, Fénélon, Voltaire, Paris,* l'*Europe,* les *Pyrénées,* la *Méditerranée,* etc.

—Ces mots sont des noms qui ne sont *propres* qu'à un seul être.

36. Le subst. collectif est celui qui, *quoique au singulier*, présente à l'esprit l'idée de plusieurs personnes ou de plusieurs choses de même espèce, formant une *collection* : une *armée*, un *peuple*, une *douzaine*, la *plupart*, etc.

37. Il y a deux espèces de collectifs : le collectif *général* et le collectif *partitif*.

38. Le collectif général est celui qui exprime une collection totale, entière, *générale* : *armée*, *peuple*, *forêt*, *flotte*, etc.

39. Le collectif partitif est celui qui exprime une collection partielle, c'est-à-dire faisant *partie* d'un plus grand nombre : une *douzaine*, une *centaine*, la *plupart*, une *infinité*, etc.

40. Il y a des subst. collectifs qui peuvent être des deux espèces, *généraux* et *partitifs*, selon le sens qu'on y attache : quand je dis : L'INFINITÉ *des perfections de Dieu m'accable*, le subst. *infinité* est un collectif général, parce qu'il signifie *la totalité des perfections de Dieu*. — Mais dans cette phrase : *cet homme a une* INFINITÉ *de perfections*, le même subst. *infinité* est un collectif partitif, parce qu'il n'exprime qu'une *partie des perfections* qu'un homme peut avoir.

En général, un collectif précédé de *un*, *une*, est partitif : une *foule*, une *multitude*, une *quantité*, etc.

41. Un subst. composé est celui qui est formé de plusieurs mots joints par un trait d'union : un *arc-en-ciel*, un *char-à-bancs*, un *garde-manger*, un *cure-dents*, etc.

42. Un subst. étranger est celui qui est emprunté d'une langue étrangère : un *duo*, un *alléluia*, un *piano*, etc.

43. Un subst. accidentel est celui qui est formé d'un mot qui n'est pas toujours substantif, qui est plus souvent *verbe*, *conjonction*, *adverbe*, etc., que substantif : les *car*, les *mais*, les *si*, un *oui*, un *non*, les *pourquoi*, les *comment*, les *on dit*, le *qu'en dira-t-on*, etc.

DES DIFFÉRENTES SORTES D'ARTICLES.

44. Il y a 3 sortes d'articles : l'article *simple*, l'article *élidé*, et l'article *composé* ou *contracté*.

45. L'article simple est *le* pour le masculin, *la* pour le féminin, *les* pour le pluriel, soit masculin, soit féminin.

46. L'article élidé est celui dont on a retranché la

voyelle *a* ou *e* : *l'armée*, c'est-à-dire *la armée*; *l'argent*,
c'est-à-dire *le argent*.

47. L'article composé ou contracté est celui qui est joint
à la préposition *à* ou *de* : *au*, c'est-à-dire *à le*; *aux*, c'est-
à-dire *à les*; *du*, c'est-à-dire *de le*; *des*, c'est-à-dire *de les*.

DES DIFFÉRENTES SORTES D'ADJECTIFS.

48. Il y a deux classes d'adjectifs : les adj. *qualificatifs*
et les adj. *déterminatifs*.

49. Les adj. qualificatifs ne se divisent pas en plusieurs
espèces. — Voici quelques adjectifs qualificatifs :

Bon.	Petit.	Gai.
Mauvais.	Rouge.	Aisé.
Joli.	Bleu.	Moindre.
Vilain.	Aimable.	Pire.
Grand.	Savant.	Aise,

et tous les mots *ajoutés aux substantifs* pour en exprimer
la manière d'être, la *qualité*.

5o. Les adj. déterminatifs se divisent en 5 espèces.

51. Ces 5 espèces sont :

1°. Les adj. numéraux.
2°. Les adj. possessifs.
3°. Les adj. démonstratifs.
4°. Les adj. interrogatifs.
5°. Les adj. indéfinis.

52.   *Des adj. numéraux.*

Les adj. numéraux servent à compter, ou à désigner
l'ordre, le rang : de là, deux sortes d'adj. numéraux.

53. Ceux qui servent à compter s'appellent adj. numéraux *cardinaux* : *un, deux, trois, quatre, cinq*,....., etc.

54. Ceux qui désignent l'ordre, le rang, s'appellent adj.
numéraux *ordinaux* : *premier, unième, second, deuxième, troisième*,........, *dernier*.

55.   *Des adjectifs possessifs.*

Les adj. possessifs servent à exprimer la *possession*.

SINGULIER.		PLURIEL.
Masc.	*Fém.*	*Masc. et fém.*
mon	ma	mes
ton	ta	tes
son	sa	ses
notre	notre	nos
votre	votre	vos
leur	leur	leurs.

56.   *Des adj. démonstratifs.*

Les adj. démonstratifs servent à indiquer, à *démontrer*.

SINGULIER.		PLURIEL.
Masc.	*Fém.*	*Masc. et fém.*
ce	cette	ces.
cet		

57.   *Des adj. interrogatifs.*

Les adj. interrogatifs servent à *interroger :*

SINGULIER.		PLURIEL.	
Masc.	*Fém.*	*Masc.*	*Fém.*
Quel?	Quelle?	Quels ?	Quelles?

58.   *Adjectifs indéfinis.*

Les adj. indéfinis expriment une idée générale, *indéfinie :*

aucun, aucune.
autre, autres
certain, certaine. | certains, certaines.
chaque.
de, du, des (signifiant : *quelques, plusieurs, une cer-*
                       taine quantité de, un peu de).
divers, diverses.
maint, mainte.
même, mêmes.
nul, nulle.
plusieurs.
quel, quelle. | quels, quelles.
quelque, quelques.
quelconque.
tout, toute. | tous, toutes.
tel, telle. | tels, telles.
un, une.

59. Le substantif auquel est ajouté l'adjectif n'est pas toujours exprimé : AUCUN *n'en veut,* c'est-à-dire : *aucun homme n'en veut.* — PLUSIEURS *pensent ainsi,* c'est-à-dire *plusieurs personnes pensent ainsi.*

DES DIFFÉRENTES SORTES DE PRONOMS.

60. Il y a 6 sortes de pronoms :

1°. Les pron. personnels.
2°. Les pron. possessifs.
3°. Les pron. démonstratifs.
4°. Les pron. relatifs.
5°. Les pron. interrogatifs.
6°. Les pron. indéfinis.

Ces pronoms (de même que les adjectifs) prennent leurs noms de leur signification.

61. *Des pronoms personnels.*

SINGULIER.	PLURIEL.
1re. *personne :* je, me, moi..	.... nous.
2e. *personne :* tu, te, toi....	.... vous.
3e. *personne :* il	.... ils.
elle...........	.... elles.
se...........	.... se
soi	
lui...........	.... leur, eux.
le }	
la }...........	.... les.

62. *Des pronoms possessifs.* (3e. pers.)

le mien,	la mienne.	les miens,	les miennes.
le tien,	la tienne.	les tiens,	les tiennes.
le sien,	la sienne.	les siens,	les siennes.
le nôtre,	la nôtre.		les nôtres.
le vôtre,	la vôtre.		les vôtres.
le leur,	la leur.		les leurs.

63. *Des pronoms démonstratifs.* (3e. pers.)

celui, celle. | ceux, celles.
ce, ceci, cela.

64. *Des pronoms relatifs.* (3e. pers.)

lequel, laquelle. | lesquels, lesquelles.

qui, } ces 2 pron. sont du même genre, du même nombre,
que, } et de la même pers. que leur *antécédent.*

quoi, dont, en, le, y, où.

65. *Des pronoms interrogatifs.* (3e pers.)

lequel? laquelle? | lesquels? lesquelles?
qui? que? quoi?

66. *Des pronoms indéfinis.* (3e. pers.)

autrui.
ce.
celui, celle. | ceux, celles.
chacun, chacune.
l'un, l'autre. | les uns, les autres.
on.
personne.
qui.
que.
quoi.

quiconque.
quelqu'un, quelqu'une. | quelques-uns, quelques-unes.
quelque chose.
qui que.
quoi que.
qui que ce soit.
quoi que ce soit.
rien.
tout.

67. Les pronoms ne tiennent pas toujours la place d'un substantif, il y en a 4 qui peuvent tenir la place de toute autre chose. Ces 4 pronoms sont : *le, en, ce,* et *cela :*

LE (pron. rel.) tient la place : 1°. d'un adject. qualif.; 2°. d'un infinitif; 3°. d'un part. passé; et 4°. d'une phrase entière :

Êtes-vous content ? oui, je *le* suis (c.-à-d. je suis *content.*)
Voulez-vous partir ? oui, je *le* veux (c.-à-d. je veux *partir.*)
Êtes-vous aimé ? oui, je *le* suis (c.-à-d. je suis *aimé.*)
A-t-il de l'esprit? oui, je *le* crois (c.-à-d. je crois qu'*il a de l'esprit.*)

EN (pron. rel.) peut tenir la place : 1°. d'un infinitif et 2°. d'une phrase entière :
Sortez, je vous *en* prie (c.-à-d. je vous prie *de sortir*).
Ces enfants ont battu leur chien, on les *en* a blâmés (c.-à-d. on les a blâmés *d'avoir battu leur chien.*)

CE } (pron. dém.) Ces 2 pronoms peuvent tenir
CELA } la place d'une phrase entière :
Cette robe est trop foncée, *c'est* vrai ou *cela* est vrai, c.-à-d. ce que vous dites, *que cette robe est trop foncée,* est vrai.

DES DIFFÉRENTES SORTES DE VERBES.

68. Il y a 7 espèces de verbes :
    1°. Le verbe auxiliaire.
    2°. Le verbe substantif.
    3°. Le verbe actif.
    4°. Le verbe neutre.
    5°. Le verbe passif.
    6°. Le verbe pronominal.
    7°. Le verbe unipersonnel.

69. Le verbe *auxiliaire* est celui qui *aide* à conjuguer tous les autres verbes; il y en a 2 : l'aux. *avoir* et l'aux. *être :* J'*ai aimé,* je *suis arrivé.*

70. Le verbe *substantif* est le verbe *être,* quand il n'est

pas auxiliaire, c'est-à-dire quand il n'est pas joint à un participe passé : *je suis malade*.

71. Le verbe *actif* est celui après lequel on peut mettre ces mots : *quelqu'un* ou *quelque chose* : *j'estime cet homme* : *j'écris une fable*.

(On verra ci-après, au nº. 125, une définition plus rigoureuse du verbe actif, ainsi que des autres espèces de verbes.)

Le verbe *neutre* est celui après lequel on ne peut pas mettre ces mots : *quelqu'un* ou *quelque chose* : *je dors*, *je pars*.

Le verbe *passif* est le part. passé d'un verbe actif, conjugué avec l'aux. *être* dans tous les temps : *je suis aimé*, *j'étais aimé*, *je fus aimé*, *j'ai été aimé*, etc. etc.

Le verbe *pronominal* est celui qui se conjugue avec deux pronoms de la même personne : *je me flatte*, *tu te flattes*, *il se flatte*, *nous nous flattons*, *vous vous flattez*, *ils se flattent*.

Le verbe *unipersonnel* est celui qui ne s'emploie qu'à la 3e. personne du singulier, avec le pron. *il*, mais il faut remarquer que ce pron. *il* ne signifie rien : *il pleut*, *il neige*, *il faut*, etc.

DES DIFFÉRENTES SORTES DE PARTICIPES.

72. Il y a 2 sortes de participes : le part. *Présent* et le part. *Passé*.

73. Le part. présent est toujours terminé en *ant* : *aimant*, *finissant*, *recevant*, *rendant*, etc.

74. Le part. passé se termine de 19 manières, dont les plus usitées sont *é*, *i*, *u* : *aimé*, *fini*, *reçu*. — L'usage apprendra les autres (voyez le nº. 57 de la *conjugaison*).

DES DIFFÉRENTES SORTES D'ADVERBES.

75. Il y a 9 sortes d'adverbes :

    1º. Les adv. de manière.
    2º. Les adv. d'ordre.
    3º. Les adv. de lieu.
    4º. Les adv. de temps.
    5º. Les adv. de quantité.
    6º. Les adv. de comparaison.
    7º. Les adv. d'affirmation.
    8º. Les adv. de négation.
    9º. Les adv. de doute.

76. Voici quelques adverbes de chacune de ces espèces :

1°. De manière : *bien, mal, poliment, sagement, hardiment, vivement,* etc.

2°. D'ordre : *premièrement, secondement, ensuite, après, auparavant,* etc.

3°. De lieu : *ici, là, où, dessus, dessous, dedans, dehors, devant, derrière, partout,* etc.

4°. De temps : *demain, hier, aujourd'hui, maintenant, jadis, bientôt, souvent,* etc.

5°. De quantité : *beaucoup, peu, assez, trop, davantage, moins, plus,* etc.

6°. De comparaison : *plus, moins, autant, mieux, pis, comme, presque,* etc.

7°. D'affirmation · *oui, certainement, certes, vraiment, volontiers, soit, très,* etc.

8°. De négation : *non, ne, pas, point, nullement,* etc.

9°. De doute : *probablement,* etc.

TABLES DES PRÉPOSITIONS, DES ADVERBES, DES CONJONCTIONS, ET DES INTERJECTIONS.

77: *Prépositions.*

A.	En.	* près.
* après.	entre.	* proche.
arrière.	envers.	Quant à.
attenant.	excepté.	Rez.
attendu.	Fors (hors).	Sans.
* avant.	Hormis.	sauf.
avec.	hors.	selon.
Chez.	Joignant.	sous.
concernant.	jusque.	suivant.
contre.	Malgré.	supposé.
Dans.	moyennant.	sur.
de.	Nonobstant.	Touchant.
depuis.	Outre.	Vers.
* derrière.	Par.	* vis-à-vis.
dès.	parmi.	voici.
* devant.	pendant.	voilà.
devers.	pour.	vu.
durant.		

Les prépositions marquées d'un astérisque * deviennent *adverbes,* quand elles cessent d'avoir un régime ou complément : *Il est arrivé* AVANT *moi (avant* est ici *préposition). Vous creusez trop* AVANT *(avant* est maintenant *adverbe.)*

On appelle *Préposition composée* ou *locution prépositive,* une réunion de mots qui remplissent les fonctions de *préposition,* et qui ont par conséquent un régime ou complément; *afin de* (au lieu de *pour*); *à l'égard de* (au lieu de *envers*); *y compris* (au lieu de *avec*); *non compris* (au lieu de *sans*); *à côté de*, *en faveur de*, *vis-à-vis*, *quant à*, *à cause de*, etc.

Adverbes.

Ailleurs.	* devant.	partout.
* ainsi.	* donc.	pas.
alentour.	dorénavant.	pêle-mêle.
alors.	Encore.	peu.
* après.	enfin.	pis.
assez.	ensemble.	plus.
aujourd'hui.	ensuite.	plutôt.
auparavant.	environ.	point.
auprès.	exprès.	* pourquoi?
* aussi.	Fort (très).	pourtant.
aussitôt.	Guère.	* près.
autant.	gratis.	présentement.
autour.	Hier.	presque.
autrefois.	Ici.	* proche.
autrement.	incessamment	* Quand.
* avant.	incontinent.	quasi.
Beaucoup.	incognito.	* que (combien).
bien.	instamment.	quelque.
bientôt.	Jadis.	quelquefois.
Ça.	jamais.	Sciemment.
cahin-caha.	Là.	* si.
céans.	loin.	sitôt.
cependant.	lors.	* soit (oui).
certes.	Mal.	soudain.
ci.	maintenant.	souvent.
combien.	même.	surtout.
* Comme.	mieux.	sus.
comment.	moins.	Tant.
Dà.	Naguère.	* tantôt.
davantage.	ne.	tard.
debout.	néanmoins.	tôt.
deçà.	nenni.	toujours.
dedans.	non.	* tout (entièrement).
dehors.	notamment.	toutefois.
déjà.	nuitamment.	très.
demain.	nullement.	trop.
* Derrière.	Où.	* Vis-à-vis.
désormais.	oui.	vite.
dessous.	Parfois.	volontiers.
dessus.	partant.	Y.

Les adverbes devant lesquels il y a un astérisque *, se retrouvent dans la table des Prépositions ou des Conjonctions, c'est qu'en effet un mot peut être de plusieurs espèces selon le sens qu'il présente et selon la fonction qu'il remplit.—

Pour déterminer la *Partie du discours* à laquelle appartient un mot, il faut bien comprendre les définitions des *Dix espèces de mots*, (depuis le n°. 6 jusqu'au n°. 26.) Ainsi la *Préposition* a un rég. ou comp. ; l'*adverbe* n'en a pas, mais il modifie le verbe, le part., l'adj. qualif. ou un autre adv. ; et la *conjonction* lie les mots ou les phrases.

Il y a des adverbes qui ne sont pas compris dans cette table; ce sont :

1°. Les adv. d'ordre : *premièrement,*
secondement,
troisièmement, etc.

2°. Les adv. de manière formés par les adjectifs qualif., en ajoutant la syllabe *ment :*

Poliment, formé par l'adj. *poli.*
sagement, —————— sage.
hardiment, —————— hardi, etc.

3°. Les adv. qui ne le sont qu'accidentellement, tels sont certains adj. qualif. qui deviennent *adverbes,* quand ils modifient des verbes :

Bon : cette fleur sent *bon.*
Cher : ces étoffes coûtent *cher.*
Juste : nous chantons *juste.*
Bas : elle parlait *bas*, etc.

On appelle *Adverbe composé* ou *locution adverbiale,* une réunion de mots qui remplissent les fonctions d'*adverbe,* c'est-à-dire qui modifient un verbe, un part., un adj. qualif. ou un autre adv. : *sans cesse* (au lieu de *toujours*); *à dessein* (au lieu de *exprès*); *de nouveau* (au lieu de *encore*); *en vain* (au lieu de *vainement*); *à-peu-près* (au lieu de *environ*); *tout-à-fait* (au lieu de *entièrement*); *tout-à-l'heure (bientôt), tout-à-coup* (*soudainement*), *tout de suite* (*aussitôt*)*, à coup sûr* (*sûrement*) ; *à la hâte* (*vite*) ; *peut-être, long-temps, à propos, sans doute, à loisir, de bon gré,* etc.

Conjonctions.

Afin.	Ni.	* que.
* ainsi.	Or.	quoique.
* aussi.	ou.	Savoir.
Car.	Parce que.	* si.
* comme.	* pourquoi.	sinon.
* Donc.	pourvu.	* soit (répété.)
Et.	puis.	Tandis.
Lorsque.	puisque.	* tantôt (répété).
Mais.	* Quand (lorsque).	* tout (quoique).

Les conjonctions marquées d'un astérisque * deviennent *adverbes,* quand elles modifient un verbe, un participe, un adj. qualif. ou un autre adv.

On appelle *Conjonction composée* ou *locution conjonctive,* une réunion de mots qui remplissent les fonctions de

3*

conjonction, c'est-à-dire qui lient deux mots ou deux phrases : *tandis que* (au lieu de *lorsque*), *ainsi que* (au lieu de *comme*); *de même que, aussi bien que, de peur que, à moins que, parce que, par conséquent, pourvu que, à condition que, c'est-à-dire,* etc.

Interjections.

Ah !	Eh !	O !
ahi!	Fi!	oh!
aïe!	ferme!	ouais!
allons!	Gare!	ouf!
Bah!	Ha!	Paf!
bast!	hé!	paix!
bien!	hé bien!	peste!
bon!	hélas!	pif!
Çà!	hem!	pouah!
ciel!	hein!	pouf!
chut!	hep!	preste!
courage!	hi!	Quoi!
comment!	ho!	St!
crac!	holà!	Tope!
Dà!	hum!	Zest!
diantre!	Las!	ziste!
dieu!		

Il faut encore considérer comme *Interjections*, certains mots qui ne le sont pas de leur nature, mais qui le deviennent par l'usage qu'on en fait pour exprimer quelque mouvement de l'âme ; tels sont: *Bon Dieu! miséricorde! tout beau!* Tels sont également le *Ventre-saint-gris!* de Henri IV, et tous les mots dont Molière fait usage : *Morbleu! Corbleu! Diantre!* etc., etc., et une infinité d'autres expressions semblables.

DE LA DÉCOMPOSITION DES PRONOMS.

78. Quand on fait l'analyse grammaticale d'une phrase, il est utile de décomposer certains pronoms pour faciliter l'analyse et pour faire reparaître les prépositions sousentendues :

Je *me* flatte (décomposez : je flatte *moi*).
Il *me* parle (décomposez : il parle à *moi.*)
L'homme *dont* je parle (décomp. : l'homme *de qui* je parle)

79. Tous les pronoms ne se décomposent pas.

80. Voici ceux qui se décomposent, il y en a 29 :

Table alphabétique des Pronoms qui se décomposent.

Ce (pron. dém.) se décompose par : *cela* (c'est-à-dire : la personne ou la chose dont il vient d'être question).
Ce (pron. indéf.) = *la chose* ou *les choses en général.*

Dont (pron. rel.) = de qui. — duquel, de laquelle, desquels,
    desquelles.

En (pron. rel.) = de lui, d'elle, d'eux, d'elles, — de cela,
    — de cet endroit, de ce lieu.

Le (pron. pers.) = lui (c'est-à-dire un substantif).

Le (pron. rel.) = cela (c'est-à-dire un adj., un verbe, un part.,
    ou une phrase entière — et non un subst.)

La (pron. pers.) = elle.

Les (pron. pers.) = eux, elles.

Lui (pron. pers.) = à lui, à elle. — (Nota. Quand le pron.
    lui est précédé d'une préposition, il ne se décompose
    pas : je vais chez lui).

Leur (pron. pers) = à eux, à elles. — (Nota. Le pron. leur
    est pluriel par lui-même, son singulier est lui).

Me (pron. pers.) = moi, à moi, en moi.

Où (pron. rel.) = lequel, laquelle, lesquels, lesquelles. —
    auquel. — dans lequel. — sur lequel. — chez lequel.

Personne (pron. indéf.) = qui que ce soit.

Qui (pron. rel.) = lequel, laquelle, lesquels, lesquelles.

Qui? (pron. interr.) = quelle personne? (avec interrogation).

Qui (pron. indéf.) = quelle personne (sans interrogation.)

Que (pron. rel.) = lequel, laquelle, lesquels, lesquelles.

Que? (pron. interr.) = quelle chose ? (avec interrogation).

Que (pron. indéf.) = quelle chose (sans interrogation).

Quoi (pron. rel.) = lequel, laquelle, lesquels, lesquelles.

Quoi? (pron. interr.) = quelle chose? (avec interrogation.)

Quoi (pron. indéf.) = quelle chose (sans interrogation).

Qui que (pron. indéf.) = quelque personne que.

Quoi que (pron. indéf.) = quelque chose que.

Rien (pron. indéf.) = aucune chose, nulle chose.

Se (pron. pers.) = soi, à soi, en soi. — lui, à lui, en lui. —
    elle, à elle, en elle. — eux, à eux, en eux — elles,
    à elles, en elles.

Te (pron. pers.) = toi, à toi, en toi.

Tout (pron. indéf.) = toute chose, toutes sortes de choses,
    la totalité (de ce dont il s'agit).

Y (pron. rel.) = à lui, à elle, à eux, à elles. — à cela. — à
    cet endroit, dans ce lieu. — sur lui. — chez lui.

81. Le substantif ou pronom placé avant les pronoms
relatifs qui et que, et auquel se rapportent ces 2 pronoms,
s'appelle l'antécédent : l'homme qui parle (l'homme est
l'antécédent du pron. relatif qui); toi que j'aime (toi est
l'antécédent du pron. rel. que).

DES MOTS QUI SONT DE PLUSIEURS ESPÈCES.

82. Ainsi qu'on l'a déjà vu au n° 77, il y a des mots
qui peuvent être de plusieurs espèces, selon le sens qu'ils
présentent et selon la fonction qu'ils remplissent. Tels sont

les mots suivants ; on trouvera dans les n°ˢ précédents les principes nécessaires pour leur classement :

Le (de 3 espèces), art. simp. — pron. pers. — pron. rel.

La, les (de 2 esp.), art. simp. — pron. pers.

Ce (de 3 esp.), adj. dém. — pron. dém. — pron. indéf.

De (de 2 esp.), prép. — adj. indéf.

Quand *de* est placé après un adv. de quantité : *beaucoup de, peu de, trop de,* etc., on ne peut pas l'analyser, car il n'est ni préposition, puisqu'il n'a pas de rég. ou complément ; ni adj. indéf., puisqu'il ne signifie pas *quelques, plusieurs* ; il forme avec l'adv. de quantité une expression inséparable.

Du, des (de 2 espèces), art. comp. — adj. indéf.

Un, } (de 4 espèces), adj. num. card. — adj. indéf. —
Une, } pron. indéf. — subst.

Leur (de 3 esp.), adj. poss. — pron. pers. — pron. poss.

Qui (de 3 esp.), pron. rel. — pron. interr. — pron. indéf.

Que (de 5 esp.), pron. rel. — pron. interr. — pron. indéf. — conj. — adv.

Que placé après un subst. n'est pas toujours *pron. rel.*, quoique ce subst. paraisse en être l'antécédent ; cela arrive lorsque le *que* est dans une phrase où il y a une comparaison : *Alexandre a détruit plus de villes qu'il n'en a fondé.* — *Que* est ici une *conjonction* servant à lier les 2 termes de la comparaison, savoir : les villes qu'Alexandre a détruites, et celles qu'il a fondées.

Quoi (de 4 esp.), pron. rel. — pron. interr. — pron. indéf. — interj.

Tout (de 5 esp.), adjec. indéf. — pron. indéf. — subst. — adv. — conj.

Quelque (de 2 esp.), adj. indéf. — adv.

En (de 2 esp.), prép. — pron. rel.

Le pron. rel. *en* se décompose par *de cela*, mais il faut remarquer que le mot *de* est tantôt *préposition* : *j'en parle,* (c'est-à-dire *je parle* de cela) ; et tantôt *adj. indéf.* : *vous avez des fleurs, j'en voudrais* (c'est-à-dire *je voudrais* de cela, quelques *fleurs*).

Lequel, laquelle, } (de 2 esp.), pron. rel. — pron. interr.
lesquels, lesquelles, }

Fort (de 3 esp.), adj. qual. — adv. — subst.

Bien, mal (de 2 esp.), adv. — subst.

Quand (de 2 esp.), conj. — adv.

Si (de 3 esp.), conj. — adv. — subst.

Avant (de 3 esp.), prép. — adv. — subst.

Excepté, supposé, vu (de 2 esp.), part. passé — prép.

etc.   etc.   etc.

DES DEGRÉS DE SIGNIFICATION DANS LES ADJECTIFS QUALIFICATIFS.

83. Les adj. qualif. peuvent exprimer la qualité du subst. de 3 manières : 1°. purement et simplement ; 2°. avec comparaison ; 3°. portée au plus haut degré.

Il y a donc 3 degrés de signification dans les adj. qualif. : le *Positif*, le *Comparatif*, et le *Superlatif*.

84. Le *positif* est l'adjectif même : *cet enfant est* SAGE.

85. Le *comparatif* est l'adjectif exprimant une comparaison.

86. Il y a 3 sortes de comparatifs : le comparatif d'égalité : *cet enfant est aussi sage que vous* ; le comparatif d'*infériorité* : *cet enfant est moins sage que vous* ; et le comparatif de *supériorité* : *cet enfant est plus sage que vous.*

87. Le comparatif d'égalité se forme en mettant *aussi* avant l'adj. — le comparatif d'infériorité, en mettant *moins* — et le comparatif de supériorité, en mettant *plus.*

Il y a 9 adjectifs qui expriment seuls un *comparatif de supériorité*, sans qu'il soit nécessaire de les faire précéder du mot *plus :*

Meilleur (pour *plus bon*, qui ne se dit pas).
Pire (pour *plus mauvais*).
Moindre (pour *plus petit*).
Inférieur (pour *plus bas*).
Supérieur (pour *plus haut*).
Antérieur (pour *plus avant*).
Postérieur (pour *plus après*).
Majeur (pour *plus grand*).
Mineur (pour *plus petit*).

88. Le *superlatif* est l'adjectif exprimant la qualité portée à un très-haut degré, soit en plus : *cet enfant est très-sage* ; soit en moins : *cet enfant est le moins sage que je connaisse.*

89. Il y a 2 sortes de superlatifs : le superlatif *relatif*, qui exprime la qualité portée à un très-haut degré ; mais avec comparaison : *cet enfant est le plus sage que je connaisse* ; et le superlatif *absolu*, qui exprime la qualité portée à un très-haut degré, sans comparaison : *cet enfant est très-sage.*

90. Le superlatif absolu se forme en mettant *très, fort, bien, extrêmement, le plus, le mieux, le moins,* avant l'adjectif. — Le superlatif relatif se forme en mettant *le, la,*

les, *mon*, *ton*, *son*, *notre*, *votre*, *leur* (c'est-à-dire un art. ou un adj. poss.) devant le comparatif de supériorité ou d'infériorité.

Il y a quelques adjectifs qui expriment seuls un superlatif absolu, sans qu'il soit nécessaire de les faire précéder des mots *très*, *fort*, *bien*, etc. :

> Minime (pour *très-petit*).
> Savantissime (pour *très-savant*).
> Excellentissime (pour *très-excellent*).
> Grandissime (pour *très-grand*).
> Rarissime (pour *très-rare*).
> Illustrissime (pour *très-illustre*).
> Puissantissime (pour *très-puissant*).
> Ignorantissime (pour *très-ignorant*).
>   etc.   etc.

2ᵉ. Partie de l'Analyse :
Rapports des mots entr'eux ou Fonctions des mots.

DU NOMINATIF OU SUJET.

91. Le Nominatif ou Sujet est le mot *qui fait l'action*, ou *qui se trouve dans l'état* qu'exprime le verbe :

> Cet HOMME *court* dans les champs.
> Cet ENFANT *souffre* beaucoup.

92. On trouve le nom. ou sujet en mettant *qui?* devant le verbe; la réponse indique le nom. ou sujet :

> Qui *court?* — réponse : cet *homme.*
> (Donc, *homme* est le nom. ou sujet du v. *court.*)
> Qui *souffre?* — réponse : cet *enfant.*
> (Donc, *enfant* est le nom. ou suj. du v. *souffre.*)

93. L'impératif a toujours son nom. ou sujet sous-entendu :

> Viens (c'est-à-dire TU *viens*).
> L'infinitif n'a pas de nom. ou sujet :
> Vous devez *travailler.*

94. Le mot qui sert de nom. ou sujet est .

ou un substantif : L'HOMME *pense.*

ou un pronom : IL *réfléchit.*

ou un infinitif : LIRE *est* utile.

ou une partie de phrase : QUE JE FASSE CELA *est* impossible.

DU RÉGIME OU COMPLÉMENT.

95. Le Régime ou Complément est le mot *qui complète le verbe actif* ou *la préposition* :

Mon père écrit une LETTRE.

Je pense à ma SŒUR.

96. Le rég. ou compl. d'un v. actif se nomme rég. ou compl. *direct*.

97. Le rég. ou compl. d'une préposition se nomme rég. ou compl. *indirect*.

98. On trouve le rég. ou compl. d'un verbe actif ou d'une préposition en mettant *qui?* ou *quoi?* après le verbe ou après la prép.; la réponse indique le rég. ou compl.

Mon père *écrit* QUOI? — réponse : une *lettre*.

(Donc, *lettre* est le rég. ou compl. du v. *écrit*.)

Je pense à QUI? — réponse : à ma *sœur*.

(Donc, *sœur* est le rég. ou compl. de la prép. *à*.)

99. Le mot qui sert de rég. ou compl., tant au verbe actif qu'à la préposition, est :

ou un substantif : Je *regarde* ce CHEVAL. Je vais à PARIS.

ou un pronom : J'*aime* CELA. Je pense à LUI.

ou un infinitif : Je *veux* SORTIR. Je suis disposé à ÉTUDIER.

ou une partie de phrase : Je *désire* QU'IL VIENNE ME VOIR.

Il pense à JE NE SAIS QUELLE AFFAIRE.

100. Le Participe présent précédé de la prép. *en*, est le rég. ou compl. de cette prép. :

Il est parti *en* PLEURANT.

DU VOCATIF OU APOSTROPHE.

101. Le Vocatif ou Apostrophe est le mot qui sert à adresser la parole à quelqu'un ou à quelque chose :

Madame, venez avec nous.

Ciel, exauce ma prière.

102. Le mot qui sert de vocatif est :

ou un substantif : *Jules*, écoutez-moi.

ou un pronom : *Toi*, reste là.

DU QUALIFICATIF.

103. Le Qualificatif est le mot qui exprime la qualité, la manière d'être du subst. ou du pronom :

Cet *arbre* est HAUT.

Il est BEAU.

104. Le mot qui sert de qualificatif est :

ou un adj. qualific. : *Dieu* est BON.

ou un substantif : Mon *père* est un NÉGOCIANT.

ou un infinitif · *Espérer* est JOUIR.

ou un pronom : Cette *plume* est la MIENNE.

105. Il faut remarquer que le mot qui qualifie et le mot qui est qualifié se réunissent dans notre esprit pour ne former qu'une seule et même idée : les 2 mots s'identifient.

DU MODIFICATIF.

106. Le Modificatif est le mot ajouté au verbe, au participe, à l'adj. qualif., ou à l'adverbe, pour exprimer une des 9 choses suivantes : la manière, l'ordre, le lieu, le temps, la quantité, la comparaison, l'affirmation, la négation, et le doute.

Cet enfant *parle* BIEN.

Il est BIEN *estimé*.

Vous êtes BIEN *aimable*.

Il chante BIEN *agréablement*.

107. Le mot qui sert de modificatif est l'*adverbe*.

DU DÉTERMINATIF.

108. Le Déterminatif est le mot qui sert à faire prendre le subst. dans un sens particulier, qui empêche qu'il ne soit pris dans un sens vague :

Donnez-moi LE *dictionnaire*.

Voici MON *frère*.

109. Le mot qui sert de déterminatif est :

ou un article : Avancez LA *table*.

ou un adj. déterm. : CE *livre* est utile.

RÉSUMÉ DE CE QUI PRÉCÈDE SUR LES FONCTIONS DES MOTS.

Fonctions du substantif.

110. Le substantif peut avoir 5 fonctions :

1°. *Nom. ou suj.* d'un verbe : Mon PÈRE *travaille*.

2°. *Rég. ou compl.* d'un v. act. : Je *respecte* mon PÈRE.

3°. *Rég. ou compl.* d'une prép. : J'écris *à* mon PÈRE.

4°. *Vocatif ou apostrophe* : Mon PÈRE, je vous écrirai.

5°. *Qualific.* d'un subst. : Cet *homme* est mon PÈRE.

ou d'un pronom : *Il* est AVOCAT.

ou d'un infinitif : *Lire* est un AMUSEMENT.
ou d'une partie de phrase : *Que je fasse
cela* est une CHOSE impossible.

Fonction de l'article.

111. L'article n'a qu'une fonction :
Déterminatif d'un substantif : LA *terre* est ronde.
ou d'un pronom : LE *tien* est beau.

Fonction de l'adject. qualificatif.

112. L'adject. qualif. n'a qu'une fonction :
Qualificatif d'un subst. : Cet *homme* est BON.
ou d'un pronom : *Il* est HONNÊTE.
ou d'un infinitif : *Lire* est UTILE.
ou d'une partie de phrase : *Que je fasse
cela* est IMPOSSIBLE.

Fonction de l'adj. déterminatif.

113. L'adj. déterminatif n'a qu'une fonction :
Déterminatif d'un subst. : MON *père* viendra avec nous.
ou d'un pron. : Prenez TOUTES *celles* que v.
voudrez.

Fonctions du pronom.

114. Le pronom peut avoir 5 fonctions :
1°. *Nom. ou sujet* d'un verbe : IL *parle* bien.
2°. *Rég. ou compl.* d'un v. actif : Je *voudrais* CELA.
3°. *Rég. ou compl.* d'une préposit. : Je *pense* à LUI.
4°. *Vocatif ou apostrophe* : VOUS, venez avec moi.
5°. *Qualificatif* d'un subst. : Cette *plume* est la TIENNE.
ou d'un pron. : *Celle*-ci est la MIENNE.
ou d'un infin. : Parler est ma fonction,
écouter est la VÔTRE.

Fonctions du verbe au prés. de l'infinitif.

115. Le verbe au prés. de l'infinitif peut avoir 4 fonctions •
1°. *Nom. ou suj.* d'un verbe : LIRE *est* utile.
2°. *Rég. ou compl.* d'un v. act. : Je *veux* LIRE.
3°. *Rég. ou compl.* d'une prép. : Je m'occupe à LIRE.
4°. *Qualificat.* d'un infinit. : *Espérer* est JOUIR.

116. L'infinitif n'a pas de fonction lorsqu'il peut se
changer en participe présent :
Voilà l'enfant que j'ai vu *écrire,*
(c'est-à-dire : Voilà l'enfant que j'ai vu *écrivant*.)

117. L'infinitif placé après les verbes *faire* et *laisser*, n'a pas de fonction, parce qu'il forme avec ces verbes une expression inséparable :

Je *ferai* ENTRER , je *laisserai* ENTRER.

Si l'infinitif est celui d'un verbe actif, le mot employé comme rég. direct doit être régime des deux verbes ensemble :

Je FERAI ÉCRIRE cette *lettre*.
(*Lettre* est régime des 2 verbes *ferai écrire*).
Je LAISSERAI LIRE cette *lettre*.
(*Lettre* est rég. des 2 verbes *laisserai lire*).

Si l'infinitif est celui d'un verbe neutre, il forme avec le verbe *faire* ou *laisser* une seule expression qui a la force d'un verbe actif, et qui, par conséquent, peut avoir un rég. direct :

Je FERAI ENTRER cette *personne*.
(*Personne* est régime des 2 verbes *ferai entrer*.)
Je LAISSERAI SORTIR cette *personne*.
(*Personne* est rég. des 2 verbes *laisserai sortir*).

Fonction du part. présent précédé de la préposition en.

118. Le part. présent précédé de la prép. *en*, n'a qu'une fonction :

Rég. ou compl. de cette prép. *en : Il est parti en PLEURANT.*

Fonction de l'adverbe.

119. L'adverbe n'a qu'une fonction :

Modificatif d'un verbe : Cet enfant *parle* BIEN.
           ou d'un participe : Il est BIEN *estimé*.
           ou d'un adj. qualif. : Vous êtes BIEN *aimable*.
           ou d'un autre adverbe : Il chante BIEN *agréablement*.

Fonctions de certaines parties de phrase.

120. Certaines parties de phrase peuvent avoir 4 fonctions :

1°. *Nom. ou suj.* d'un verbe : QUE JE FASSE CELA *est* impossible.

2°. *Rég. ou compl.* d'un v. actif : Je *desire* QU'IL VIENNE ME VOIR.

3°. *Rég. ou compl.* d'une préposit. : Il pense à JE NE SAIS QUELLE AFFAIRE.

4°. *Qualific.* d'un subst. : Sa *volonté* est QUE JE FASSE CELA.

DES PRÉPOSITIONS SOUS-ENTENDUES.

121. La préposition qui sert à former le régime indirect, est quelquefois sous-entendue.

122. Il y a 13 prépositions qui peuvent se sous-entendre.

123. Voici ces 13 prépositions, avec des exemples :

1°. *A.* — Je lui parle (c'est-à-dire je parle *à* lui).

2°. *De.* — J'en parle (c'est-à-dire je parle *de* lui).

3°. *Pendant.* — Il a régné vingt ans (c'est-à-dire il a régné *pendant* vingt ans).

4°. *Durant.* — Il a travaillé toute la nuit (c'est-à-dire il a travaillé *durant* toute la nuit).

5°. *Dans.* — Il viendra la semaine prochaine (c'est-à-dire il viendra *dans* la semaine prochaine).

6°. *En.* — Je m'imagine cela (c'est-à-dire j'imagine cela *en* moi).

7°. *Pour.* — Je viens dîner (c'est-à-dire je viens *pour* dîner).

8°. *Moyennant.* — J'ai acheté ce livre 3 francs (c'est-à-dire j'ai acheté ce livre *moyennant* 3 francs).

9°. *Voici.* — Mon père, le facteur ! (c'est-à-dire mon père, *voici* le facteur).

10°. *Voilà.* — Ma mère, la voiture ! (c'est-à-dire ma mère, *voilà* la voiture).

11°. *Sur.* — Vous pouvez y compter (c'est-à-dire vous pouvez compter *sur* cela).

12°. *Avec.* — Il est parti, la joie dans le cœur (c'est-à-dire il est parti, *avec* la joie dans le cœur).

13°. *Après.* — Cela fait, nous partîmes (c'est-à-dire *après* cela fait, nous partîmes).

DES PRÉPOSITIONS INUTILES.

124. Les prépositions *à* et *de* placées devant un infinitif ne forment pas toujours un rég. indirect : *il aime* A DESSINER, l'infinitif *dessiner* n'est pas le régime de la prép. A ; il est le rég. du verbe *aime*. Ce qui le prouve, c'est que si l'on demande : *Il aime quoi?* on aura pour réponse ces mots : *à dessiner.* Puisqu'on dit : *il aime* LE DESSIN, on devrait dire : *il aime* DESSINER ; d'ailleurs, ne dit-on pas sans préposition : *il aime mieux dessiner.* — De même, dans cette phrase : *Il vous recommande* DE LIRE, *lire* est le rég. du verbe *recommande*, et non de la prép. *de* ; puisqu'on dit : *il vous recommande* LA LECTURE, on devrait dire : *il vous recommande* LIRE. L'usage a placé ces prép. *à* et *de*

devant les infinitifs, mais grammaticalement elles sont inutiles.

On reconnaît que la prép. *à* ou *de* est inutile lorsque l'infinitif est après un verbe actif.

OBSERVATIONS SUR LES DIFFÉRENTES ESPÈCES DE VERBES.

125. Le verbe *actif* exprime une action faite par le sujet : *ma sœur écrit une lettre*.

126. Le verbe actif a nécessairement un régime direct; de plus il peut avoir un régime indirect à la suite du rég. direct : *ma sœur écrit une lettre à mon père*.

127. Le verbe actif se conjugue avec l'auxiliaire *avoir* aux temps composés : j'AI *écrit une lettre*, j'AI *regardé ces tableaux*.

128. Le verbe neutre exprime aussi une action faite par le sujet : *ma sœur* COURT *dans les champs;* ou simplement l'état du sujet : *cet enfant* DORT.

129. Le verbe *neutre* n'a pas de régime direct, c'est ce qui le distingue du v. actif. Il ne peut avoir que le rég. indirect : *Nous allons* A PARIS. — Quelquefois même il n'en a pas du tout : *Il dort.*

130. Le verbe neutre se conjugue aux temps composés avec l'aux. *avoir* et avec l'aux. *être* : sur les 600 verbes neutres de la langue française, il y en a 540 qui se conjuguent avec l'aux. *avoir,* et 60 avec l'aux. *être.* (Voyez le n°. 106 de la *conjugaison.*)

131. Un verbe actif devient neutre quand il cesse d'avoir un régime direct : *On a* CHAUFFÉ *le bain* (v. actif). — *Pendant que le bain* CHAUFFERA (v. neutre.)

132. De même, un verbe neutre devient actif quand il a un régime direct : *Il* PARLE *bien* (verbe neutre). — *Il* PARLE *plusieurs langues* (v. actif.)

133. Il y a des verbes neutres qui *paraissent* avoir un rég. direct :

1°. *Paraître.* — Votre père PARAÎT un *homme* instruit.

2°. *Sembler.* — Votre sœur me SEMBLE une jolie *personne.*

3°. *Devenir.* — Il DEVIENDRA *général.*

4°. *Demeurer.* — Il DEMEURERA un honnête *homme.*

5°. *Rester.* — Vous RESTEZ mon *ami.*

Les subst. placés après ces verbes neutres sont *qualificatifs* du sujet, parce que les 2 mots (le substantif et le sujet) se confondent dans notre esprit pour ne former qu'une seule et même idée. (Voyez le n°. 105.)

6°. Ce livre COUTE trois *francs.*

7°. Cette maison VAUT cent mille *francs*.

8°. Cette malle PÈSE un *quintal*.

9°. Cette eau SENT la *rose*.

Les subst. placés après ces verbes neutres sont rég. ou compl. d'une préposition sous-entendue, qu'on ne peut cependant pas indiquer.

134. Il y a des verbes actifs qui *paraissent* avoir deux régimes directs :

    1°. On *les* A NOMMÉS *présidents*.

    2°. Je *les* CROYAIS VOS *sœurs*.

    3°. Je *les* AI RENDUS mes *égaux*.

    4°. Je *les* AI INSTITUÉS mes *héritiers*.

    5°. Je *les* AI FAITS mes *amis*.

    6°. On *les* APPELLE *Pierre* et *Paul*.

Les subst. placés après ces verbes actifs sont *qualificatifs* du pron. régime LES, parce que les 2 mots (le subst. et le pron.) se confondent dans notre esprit pour ne former qu'une seule et même idée. (Voyez le n°. 105.)

135. Le verbe *passif* est le contraire du verbe actif : en effet, le verbe actif exprime une action faite par le sujet, au lieu que le verbe passif exprime une action *reçue, soufferte par* le sujet : *Ma sœur* BAT *son frère* (v. actif). — *Ma sœur* EST BATTUE *par son frère* (v. passif).

Pour changer une phrase active en phrase passive, il faut prendre le rég. direct du verbe actif pour en faire le sujet du v. passif; puis prendre le sujet du v. actif pour en faire le rég. indirect du v. passif à l'aide de la prép. *de* ou *par* :

Phrase active : *Mon père* GRONDE *ma sœur*.

La même phrase passive : *Ma sœur* EST GRONDÉE *par mon père*.

136. Le verbe passif n'a pas de rég. direct, il n'a que le rég. indirect : *Cette lettre* A ÉTÉ ÉCRITE *par ma sœur*. — Et quelquefois même il n'en a pas du tout : *Cet homme* EST ESTIMÉ.

137. Le verbe passif se conjugue avec l'aux. *être* dans tous les temps : *Je suis aimé, j'étais aimé, je fus aimé, j'ai été aimé*, etc., etc. (Voy. le n°. 108 de la *conjugaison*.)

138. Le verbe passif est formé du *participe passé d'un verbe actif* joint à l'aux. *être* depuis le premier temps jusqu'au dernier.

139. Un verbe neutre ne peut pas devenir passif.

140. Il y a des verbes passifs qui *paraissent* avoir un rég. direct :

Cet homme A ÉTÉ NOMMÉ *président*.

Votre fils a été reçu *bachelier*.
Il a été porté *candidat*.
Il a été fait *général*.

Les subst. placés après ces verbes passifs sont *qualificatifs* du sujet, parce que les 2 mots (le subst. et le sujet) se confondent dans notre esprit, pour ne former qu'une seule et même idée. (Voyez le n°. 105.)

141. Le verbe *pronominal* est celui qui se conjugue avec deux pronoms de la même personne désignant le même individu : Je me *flatte*, tu te *loues*, il ou elle se *regarde*, nous nous *habillons*, etc.

142. A la 3ᵉ personne, les pronoms *il* ou *elle, ils* ou *elles*, sont quelquefois remplacés par un substantif : L'homme se *regarde*, la femme se *regarde*, les hommes se *flattent*, les femmes se *flattent*. — Ou par un autre pronom : On se *flatte*, quelqu'un se *promène*, ceux-ci se *battent*, les miens se *fâchent*, etc.

143. A l'impératif, le verbe pronominal n'a qu'un pronom qui se place après le verbe : *Promène*-toi, *promenons*-nous, *promenez*-vous.

Nota : Quand il y a une négation, le pronom se place devant le verbe : *Ne* te *promène pas, ne* nous *promenons pas, ne* vous *promenez pas.*

144. L'infinitif d'un verbe pronominal n'a aussi qu'un pronom.

145. Quand on conjugue un verbe pronominal à l'infinitif, c'est du pronom *se* qu'on fait usage : Se *promener,* s'*être promené,* se *promenant,* s'*étant promené.* Cependant dans l'analyse grammaticale, il faut remarquer qu'un verbe à l'infinitif, précédé d'un des pronoms *me, te, se, nous, vous, se,* est pronominal quand le sujet du verbe qui précède est de la même personne que l'un de ces pronoms : Je *veux* me *promener,* tu *veux* t'*habiller,* il *craint de* se *tromper,* nous *voudrions* nous *habiller,* etc.

146. Tous les verbes pronominaux se conjuguent aux temps composés avec l'aux. *être.*

147. Mais cet aux. *être* est très-souvent employé pour l'aux. *avoir* : *Je me suis flatté,* c'est-à-dire j'ai *flatté* moi. *Je m*'étais *habillé,* c'est-à-dire j'avais *habillé* moi, etc.

Cependant dans la phrase suivante : *Ces marchandises se* sont *bien vendues,* le sens s'oppose au changement de l'aux. *être* en aux. *avoir;* en effet on ne peut pas dire : *Ces marchandises* ont *bien vendu elles.* (Les marchandises ne peuvent pas se vendre elles-mêmes.) — *La corde* s'est *cassée*, ne peut pas se décomposer par : *La corde* a *cassé soi*, etc.

148. La plupart des verbes pronominaux sont formés par des verbes actifs ou par des verbes neutres : *Je regarde* (v. actif), *je me regarde* (v. pronominal). — *Je plais* (v. neutre), *je me plais* (v. pronominal).

149. Quelques-uns sont pronominaux de leur nature même, c'est-à-dire qu'ils ne sont formés ni par un v. actif ni par un v. neutre : *je me repens, je m'empare.* (On ne peut dire dans aucun cas : *Je repens, j'empare*).

150. Les verbes pronominaux qui sont formés par un v. actif ou par un v. neutre, s'appellent *pronominaux accidentels.*

151. Ceux qui ne sont formés ni par un v. actif ni par un v. neutre, s'appellent *pronominaux essentiels.*

152. Le second pronom d'un v. pronominal accidentel est rég. direct ou rég. indirect : *Je* me *flatte* (c'est-à-dire *je flatte* moi). — *Je* me *nuis* (c'est-à-dire *je nuis* a moi.)

153. Le second pronom d'un verbe pronominal essentiel n'est ni rég. direct ni rég. indirect; il n'a pas de fonction, on ne peut pas l'analyser · *Je* me *repens* (on ne peut pas décomposer par : *Je repens* moi, ni *je repens* a moi). — *Je* m'*empare* (on ne peut pas décomposer par : *J'empare* moi, ni *j'empare* a moi.)

154. Il y a quelques verbes pronominaux accidentels dont le second pronom n'est ni rég. direct ni rég. indirect; on ne peut pas l'analyser : *La corde s'est cassée,* (on ne peut pas décomposer par : *La corde a cassé* soi, ni *la corde a cassé* a soi : le sens s'y oppose.)

155. Le verbe *unipersonnel* est celui qui ne s'emploie qu'à la 3ᵉ. personne du singulier avec le pron. *il.*

156. Mais il faut remarquer que ce pron. *il* ne tient la place d'aucun substantif déjà nommé ; il ne signifie absolument rien : il *pleut,* il *faut.*

157. Il y a deux espèces de verbes unipersonnels : 1°. les verbes unipersonnels *essentiels,* c'est-à-dire qui sont unipersonnels de leur nature ; et 2°. les verbes unipersonnels *accidentels,* c'est-à-dire qui ne sont unipersonnels que par accident, parce qu'ils sont formés d'un verbe primitivement actif, neutre, ou autre.

158. De sorte que certains verbes actifs, neutres, passifs, pronominaux, et même les verbes *avoir* et *être* deviennent *unipersonnels* quand le pronom *il* ne tient la place d'aucun substantif : *Il* fait *une chaleur insupportable, il*

ARRIVERA *plusieurs courriers aujourd'hui*, *il* EST ÉCRIT *que je ne réussirai pas*, *il* SE RASSEMBLE *ici des gens armés, il y* A *long-temps*, *il* EST *nuit*. — Tous ces verbes sont *unipersonnels accidentels*.

159. Le pron. *il* ne signifiant rien, n'est que le *nom. ou sujet-apparent*.

160. Le verbe unipersonnel a un autre sujet qu'on appelle *sujet réel*.

161. On trouve ce sujet réel, comme dans les autres espèces de verbes, en mettant *qui?* devant : *Il arrivera plusieurs courriers*, *qui arrivera?* — *plusieurs courriers*, voilà le *sujet réel*.

162. Le sujet réel est presque toujours placé *après le verbe*.

163. De plus, ce sujet réel a l'apparence d'être le rég. direct, car il répond à la question *qui?* ou *quoi?* placée après le verbe : *il arrivera* QUI? — réponse : *plusieurs courriers*. Mais il ne faut pas oublier que le verbe actif est *le seul* qui puisse avoir un régime de cette nature.

164. Tous les verbes unipersonnels n'ont pas un sujet réel : *il pleut, il neige*.

165. Il y a 3 verbes unipersonnels dont on ne peut trouver le sujet réel qu'en les changeant en 3 autres verbes : *il faut* doit se changer par : *il est nécessaire ; il y a*, par *il est* ou *il existe; et il fait*, par *il est fait*. — Exemples :

• IL FAUT *que je sorte* (tournez : IL EST NÉCESSAIRE *que je sorte*).

IL Y A *des femmes savantes* (tournez : Il EST ou IL EXISTE *des femmes savantes*).

IL FAIT *une chaleur insupportable* (tournez : IL EST FAIT *une chaleur insupportable*).

166. Le verbe unipersonnel ne s'accorde pas avec son sujet réel, il s'accorde avec son sujet apparent : *Il* ARRIVERA *plusieurs courriers* (et non : *il* ARRIVERONT *plusieurs courriers*).

167. Le verbe unipersonnel se conjugue généralement aux temps composés avec l'aux. *avoir* : *Il* A *plu, il* A *grêlé*. — Quelques-uns, et c'est le petit nombre, prennent l'aux. *être* : *Il* EST RÉSULTÉ. *Il* EST TOMBÉ *de la neige*.

168. Le verbe subst. *être* n'a pas non plus de rég. direct.

169. Le subst. placé après le v. *être* a bien l'apparence d'en être le régime, car il répond aussi à la question *qui? ou quoi?* mais il est le *qualificatif* du sujet : *Mon père est un négociant. Je suis votre ami*.

170. Le verbe subst. *être* se conjugue aux temps composés avec l'aux. *avoir* : *j'ai été, j'eus été, j'avais été,* etc.

DES FIGURÉS DE GRAMMAIRE OU DE CONSTRUCTION.

171. Le mot *figure* signifie en général la forme extérieure d'un corps, d'un objet quelconque. En grammaire, on appelle *figures* certaines constructions ou arrangements de mots qui, s'écartant de l'usage ordinaire, donnent à la phrase un autre aspect, une autre physionomie, une autre *figure,* ainsi que l'indique ce mot.

Les figures de grammaire ou de construction sont au nombre de quatre : l'Ellipse, le Pléonasme, l'Inversion, et la Syllepse ou Synthèse.

172. L'*Ellipse* est une figure de construction qui consiste à supprimer un ou plusieurs mots, afin d'ajouter à la précision, sans rien ôter à la clarté.

173. Voici quelques exemples d'Ellipse :

Il parle beaucoup, et n'agit pas (et sans ellipse : *il parle beaucoup, et* IL *n'agit pas*).

Voici deux lettres : l'une est pour vous; l'autre, pour votre frère (et sans ellipse : *l'autre* EST *pour votre frère*).

Pauvreté n'est pas vice (et sans ellipse : LA *pauvreté n'est pas* UN *vice*).

174. Le *Pléonasme* est le contraire de l'ellipse; c'est lorsqu'il y a dans la phrase quelque mot superflu qui pourrait en être retranché sans rien faire perdre du sens.

175. Exemples de Pléonasme :

Je LE *tiens, ce nid de fauvette!* (et sans pléonasme : *je tiens ce nid de fauvette.*)

Vous le haïssez, MOI *je l'aime* (et sans pléonasme : *je l'aime*).

Cela est BON, *très-bon* (et sans pléonasme : *cela est très-bon*).

176. L'*Inversion* est un changement de l'ordre généralement suivi dans la construction des phrases.

177. Exemples d'Inversion :

Là coulent mille divers ruisseaux (et sans inversion : *mille divers ruisseaux coulent là*).

Dans ce désordre à mes yeux se présente un jeune enfant (et sans inversion : *un jeune enfant se présente à mes yeux dans ce désordre*).

178. La *Syllepse* ou *Synthèse* est une construction faite

de telle manière que les mots s'accordent avec ce qu'on a dans l'esprit, et non avec ce qui est déjà exprimé dans la phrase.

179. Exemples de Syllepse :

Une infinité SONT *de cet avis.*

La plupart SONT BONS.

Dans ces 2 exemples, le verbe et l'adjectif s'accordent avec un subst. pluriel qui est dans l'esprit : *Une infinité de* CES SONT de cet avis, *la plupart de* CES LIVRES (ou de tout autre objet) SONT BONS. — Si l'on disait : *une infinité* EST *de cet avis, la plupart* EST BONNE, il n'y aurait pas de syllepse; mais l'usage ne permet pas de s'exprimer ainsi.

Je crains qu'il NE *vienne.*

J'empêcherai qu'il NE *fasse cela.*

J'ai peur qu'il N'*oublie.*

Ici, celui qui parle a l'esprit tellement préoccupé du *desir* que la chose *n'arrive pas*, qu'il exprime cette idée au moyen de la négation *ne*. — Si l'on disait : *je crains qu'il vienne, j'empêcherai qu'il fasse cela, j'ai peur qu'il oublie*, il n'y aurait pas de syllepse, mais l'usage ne permet pas non plus de s'exprimer ainsi.

DES GALLICISMES OU IDIOTISMES FRANÇAIS.

180. Quoique toutes les langues paraissent construites sur un plan uniforme dans leurs parties essentielles, elles offrent cependant, soit dans *l'emploi des mots*, soit dans la *manière de les arranger*, des particularités qui, s'écartant des règles ordinaires, distinguent une langue de toutes les autres. Ces locutions particulières s'appellent *Idiotismes*.

Pour distinguer les idiotismes propres à une langue particulier, on se sert d'un nom analogue à celui de la langue. Les idiotismes de la langue anglaise s'appellent *anglicismes;* ceux de l'allemand, *germanismes ;* du latin, *latinismes*, etc. Les idiotismes de la langue française se nomment *gallicismes*.

Un *Gallicisme* est donc une manière de s'exprimer éloignée des lois générales du langage, et *exclusivement propre à la langue française*.

On voit par cette définition qu'il faut bien se garder de donner le nom de *Gallicismes* à ces façons de parler irrégulières si communes dans notre langue, car à moins de bien connaître les langues anciennes et modernes où la nôtre a puisé, il arriverait souvent de prendre pour *Gallicisme* des expressions qui seraient peut-être des *latinismes* ou des *idiotismes* de quelque autre langue.

181. Les Idiotismes pouvant consister dans l'emploi d'un seul mot ou dans l'association de plusieurs , il y a 2 sortes d'idiotisme : les *idiotismes de mots* et les *idiotismes de construction.*

1°. Exemples d'*Idiotismes de mots :*

Un homme de *condition* (pour un *gentilhomme.*)
Un homme en *condition* (pour un *domestique.*)
Nous *allons* partir (pour nous *partirons bientôt*).
Tu *te plais* ici (pour tu *éprouves du plaisir* ici).
Il *se sert* de mon livre (pour il *emploie* mon livre).
Comment *vous portez*-vous ? (pour comment *est votre*
santé) ?

2°. Exemples d'*Idiotismes de construction :*

Il *ne fait que chanter* (pour il *chante sans cesse*).
Il *ne fait que de sortir* (pour il *est sorti tout-à-l'heure*).
Il *y avait autrefois* un roi (pour il *existait autrefois*).
Si *j'étais que de vous* (pour si j'étais à votre place).

182. Les syllepses peuvent être considérées comme des idiotismes.

Remarque essentielle.

Il y a des idiotismes dont il est impossible de faire l'analyse grammaticale ; dans ce cas , il faut tourner la phrase par une autre équivalente sans idiotisme , comme dans les exemples qui précèdent.

———————

Voici un *Modèle d'analyse grammaticale ,* d'après un nouveau procédé.

Ce modèle indique la manière de disposer le papier. — La grosse raie noire sépare la 1re. partie de la seconde.

Nota. Les commençants se borneront à la 1re. partie.

Phrase à analyser	1. Espèces de mots	2. Genr.	3. Nomb.	4. Pers.	5. Modes	6. Temps	7. Rapports des mots entr'eux ou fonctions des mots
Votre...............	adj. déterm. (poss.)	f.	s.	...	...	...	déterminatif du subst. *sœur*.
jeune..............	adj. qualif.	f.	s.	...	...	...	qualificatif du subst. *sœur*.
sœur..............	subst.	f.	s.	3e.	...	...	nom. ou suj. du v. *a parlé*.
m'a { me...........	pron. pers.	m.	s.	1re.	...	...	(= à moi) rég. ou compl. de la prép. *à* sous-entend.
{ a.............	v. aux.	...	s.	3e.	indic.	prés.	*a parlé*, v. neut., prét. indéf.
parlé.............	part. passé	...	...	...	...	...	modificatif du verbe *a parlé*.
hier..............	adverbe (de temps.)	...	...	...	...	...	modificatif du verbe *a parlé*.
au { à.............	prép.	...	...	...	...	...	*au*, artic. composé ou contracté.
{ le.............	art. simpl.	m.	s.	3e.	...	...	détermin. du subst. *soir*.
soir..............	subst.	m.	s.	...	...	...	rég. ou comp. de la prép. *à*.
de	prép.	...	...	...	...	...	*l'* art élidé. déterm. du subst. *affaire*.
l'affaire { la...........	art. simpl.	f.	s.	3e.	...	...	rég. ou comp. de la prép. *de*.
{ affaire	subst.	f.	s.	3e.	...	...	
qui..............	pron. rel.	f.	s.	3e.	...	...	(= laquelle) nom. ou suj. du v. *intéresse*.
m'intéresse { me....	pron. pers.	m.	s.	1re.	...	...	(= moi) rég. ou compl. du v. *intéresse*.
{ intér.	v. actif	...	s.	3e.	indic.	prés.	

3e. PARTIE : ANALYSE LOGIQUE (*).

Sans l'Analyse logique, pas de bonne construction.

CE QUE C'EST QUE L'ANALYSE LOGIQUE.

1. Désigner les *parties essentielles* de la proposition, puis considérer la proposition dans son *ensemble*, et dans ses *rapports* avec les autres propositions : tel est l'objet de l'Analyse logique.

DE LA PROPOSITION ET DE LA PHRASE, LEUR DIFFÉRENCE.

2. Une *Proposition* est l'expression d'un jugement.

3. Un *Jugement* est une opinion donnée sur un sujet : *Le sucre est doux.*

Cependant toutes les propositions n'expriment pas des jugements aussi caractérisés que celui-ci. Quelquefois la proposition énonce un fait (présent, passé, ou futur) : *Cet enfant est malade, votre frère est parti, le domestique sera renvoyé.* — Quelquefois encore, la proposition exprime un commandement : *Soyez attentif,* ou une interrogation : *êtes-vous prêt ?*

4. Une phrase est une réunion de mots formant un sens complet : *Je suis content que vous soyez venu me voir.*

5. Il y a dans une phrase autant de propositions que de verbes à un mode personnel, c'est-à-dire ayant des personnes. — (L'infinitif est le seul mode impersonnel.)

Ainsi, dans la phrase qui précède, il y a 2 propositions ; la 1re. est : *Je suis content.* — La 2e., *que vous soyez venu me voir.* (Le verbe *voir* étant à l'infinitif, ne forme pas proposition.)

Nota. Certaines phrases n'ont qu'une proposition : telles sont les phrases du n°. 3 : *Le sucre est doux, cet enfant est malade,* etc.

DES PARTIES ESSENTIELLES DE LA PROPOSITION.

6. Une proposition a 3 parties essentielles : le *Sujet*, le *Verbe*, et l'*Attribut*.

(*) L'Analyse logique peut sans inconvénient se placer après l'orthographe.

7. Le *sujet* est le mot sur lequel on porte un jugement, ou qui est l'objet du fait énoncé. Dans les propositions suivantes : *Le sucre est doux*, le sujet est *sucre*. — *Le domestique sera renvoyé*, le sujet est *domestique*, etc.

8. L'*attribut* est ce qu'on dit du sujet. Dans les propositions : *Votre frère est parti*, l'attribut est *parti*. — *Le domestique sera renvoyé*, l'attribut est *renvoyé*, etc.

9. Le *verbe* lie l'attribut au sujet. Dans cette dernière proposition : *Le domestique sera renvoyé*, le verbe est *sera*.

10. Le sujet peut être :

1°. ou un substantif : Dieu *est juste*.
2°. ou un pronom : Il *est bon*.
3°. ou un infinitif : Lire *est utile*.

11. L'attribut peut être :

1°. ou un adj. qualif. : *Dieu est* éternel.
2°. ou un part. présent : *Le soleil brille*,
             (c.-à-d. *le soleil est* brillant.)
3°. ou un part. passé : *Votre frère est* parti.
4°. ou un subst. : *Lire est mon* plaisir.
5°. ou un pronom : *Cet ouvrage est* le mien.
6°. ou un infinitif : *Espérer est* jouir.

12. Le verbe qui sert à lier l'attribut au sujet, est toujours le verbe *être*.

13. Le verbe *être* peut se présenter sous 2 formes ; 1°. sous la forme du verbe *être* lui-même : *Cet homme* est *riche ;* 2°. sous la forme d'un autre verbe pouvant se décomposer en verbe *être* et en *participe présent* (qui sert d'attribut) : *Cet homme* mendie, c'est-à-dire *cet homme* est mendiant.

14. Quand le verbe (autre que le verbe *être* lui-même) est à un temps composé formé de l'aux. *avoir*, comme dans *il a étudié*, on doit ajouter le participe *été* à l'aux. *avoir*, et changer le participe passé en part. présent : *Il a* été étudiant. — *Vous auriez joué*, se change en : *Vous auriez* été jouant.

15. Quand le verbe *être* est à un temps composé, on doit considérer l'aux. *avoir* et le part. *été* comme deux mots inséparables : *Il* a été *malade, il* aurait été *battu*.

DU COMPLÉMENT LOGIQUE.

16. On appelle *complément logique* tout mot qui est ajouté au sujet ou à l'attribut pour le compléter : *Le devoir*

DE VOTRE FRÈRE *est écrit* SANS LE MOINDRE SOIN. — DE VOTRE FRÈRE est ajouté au sujet *devoir* pour le compléter. — SANS LE MOINDRE SOIN est ajouté à l'attribut *écrit*, également pour le compléter. Ce sont des *compléments logiques*.

Nota. L'article et l'adj. déterminatif ne sont pas des compléments.

17. Le complément logique peut avoir lui-même un complément, c'est ce qu'on appelle un *complément de complément* : *L'élève* APPLIQUÉ A SES DEVOIRS *jouit* (c.-à-d. *est jouissant*) DE L'ESTIME DE SES MAITRES. — Le complément du sujet *élève* est le mot APPLIQUÉ, qui a lui-même pour complément A SES DEVOIRS. — Le complément de l'attribut *jouissant* est DE L'ESTIME, qui a aussi pour complément DE SES MAITRES.

18. Tous les mots qui se rapportent au sujet ou à l'attribut comme compléments, font partie du sujet et de l'attribut; ainsi dans l'exemple précédent : *L'élève appliqué à ses devoirs* est le sujet logique ; *jouissant de l'estime de ses maîtres* est l'attribut logique.

19. Le verbe *être* n'a jamais de complément.

20. Les adverbes joints aux verbes sont les compléments de l'attribut : *Cet enfant est* RAREMENT *tranquille (rarement* est le complément de l'attribut *tranquille)*. — *Votre frère souffre* BEAUCOUP *(beaucoup* est le complément de l'attribut *souffrant : Votre frère est* SOUFFRANT BEAUCOUP*)*.

Nota. Cependant les adv. de négation : *ne, pas, point,* sont exceptés de cette règle, ils font partie du verbe : *il* N'EST PAS *malade (il,* sujet; *n'est pas,* verbe; *malade,* attribut).

SI LE SUJET, LE VERBE, ET L'ATTRIBUT SONT TOUJOURS EXPRIMÉS.

21. Le sujet est quelquefois sous-entendu, principalement à l'impératif : *Il boit et mange bien* (c'est-à-dire *il boit et* IL *mange bien)*. — *Soyez tranquille* (c.-à-d. VOUS, *soyez tranquille)*.

22. L'attribut n'est pas toujours exprimé : *Je suis à Paris* (c'est-à-dire *je suis* DEMEURANT *ou* EXISTANT *à Paris)*. — *Il est à mes ordres* (c'est-à-dire *il est* OBÉISSANT *ou* SOUMIS *à mes ordres)*.

23. Le verbe aussi est quelquefois sous-entendu : *Le mien est bon; le vôtre, mauvais* (c.-à-d. *le vôtre* EST *mauvais)*.

DES DIFFÉRENTES ESPÈCES DE SUJETS
ET D'ATTRIBUTS.

24. Il y a 4 espèces de sujets : le sujet *simple*, le sujet *composé*, le sujet *incomplexe*, et le sujet *complexe*.

25. Le sujet est *simple*, quand il n'exprime qu'un seul objet (singulier ou pluriel) : *Le* CHIEN *est fidèle, les* CHIENS *sont fidèles*.

26. Le sujet est *composé*, quand il comprend plusieurs objets : *Le* LION *et le* TIGRE *sont cruels*.

27. Le sujet est *incomplexe*, quand il n'a pas de complément : *Cette* GRAMMAIRE *est bonne*.

28. Le sujet est *complexe*, quand il a un complément : *La grammaire* DE CET AUTEUR *est bonne*.

29. Il y a aussi 4 espèces d'attributs : l'attribut *simple*, l'attrib. *composé*, l'attrib. *incomplexe*, et l'attrib. *complexe*.

30. L'attribut est *simple*, quand il n'exprime qu'une manière d'être du sujet, ou en d'autres termes, quand il n'y a qu'*un* attribut : *Cet enfant est* MODESTE.

31. L'attribut est *composé*, quand il exprime plusieurs manières d'être du sujet, ou en d'autres termes, quand il y a plusieurs attributs : *Cet enfant est* INSTRUIT *et* MODESTE.

32. L'attribut est *incomplexe*, quand il n'a pas de complément : *Ce livre est* BON.

33. L'attribut est *complexe*, quand il a un complément : *Ce livre est* TRÈS-*bon*.

34. Il résulte de ces différentes espèces de sujets et d'attributs que les *propositions* sont *simples*, *composées*, *incomplexes*, et *complexes*, selon la nature de leurs sujets et de leurs attributs.

35. La proposition est *simple*, quand le sujet et l'attribut sont simples : *Vous êtes généreux*.

36. La proposition est *composée*, quand le sujet ou l'attribut, ou même ces 2 parties, sont composées : VOTRE FRÈRE et VOTRE SŒUR *sont aimables*. *Vous êtes* RICHE et GÉNÉREUX. VOTRE FRÈRE et VOTRE COUSIN *sont* INTELLIGENTS *et* LABORIEUX.

37. La proposition est *incomplexe*, quand le sujet et l'attribut sont incomplexes (c'est-à-dire n'ont pas de complément) : *La propreté est une vertu*.

38. La proposition est *complexe*, quand le sujet ou l'attribut, ou même ces deux parties sont complexes (c.-à-d. ont un complément) : *Le nom* DE VOTRE SŒUR *est joli*. *L'ordre est une qualité* BIEN PRÉCIEUSE. *Une écriture* SOIGNÉE *est une preuve* D'ORDRE.

DES DIFFÉRENTES SORTES DE PROPOSITIONS.

39. Il y a 3 sortes de propositions : la proposition *principale*, la proposition *incidente*, et la proposition *subordonnée*.

40. La proposition *principale* est celle qui dans la pensée occupe le premier rang, et dont dépendent les autres : Je suis content *que vous soyez venu me voir*. (Je suis content est la proposition principale).

41. La proposition *incidente* est celle qui est ajoutée au sujet ou à l'attribut d'une proposition, pour compléter ce sujet ou cet attribut : *L'élève* qui étudie *sera récompensé*, (qui étudie est une proposition incidente ajoutée au sujet *élève*.) — *Je suis content* que vous soyez venu me voir, (que vous soyez venu me voir est une proposition incidente ajoutée à l'attribut *content*.)

42. Le mot qui sert à lier la proposition incidente au sujet ou à l'attribut, est la conjonction *que* où l'un des pronoms relatifs *qui, que, dont, où, lequel, laquelle, lesquels, lesquelles* (précédés quelquefois d'une préposition : *de qui, sur qui, à qui, d'où*, etc.).

43. La proposition *subordonnée* est celle qui est liée à une autre proposition par une conjonction : *Quand, lorsque, si, quoique*, etc., etc. *Je suis heureux* quand je suis seul, (quand je suis seul est la proposition subordonnée).

Il faut excepter les 5 conjonctions *et, ni, ou, mais, que;* les 4 premières peuvent se trouver devant toutes sortes de propositions (principale, incidente, et subordonnée), ainsi il ne faut y faire aucune attention. Quant à la conjonction *que,* elle ne peut se trouver que devant une proposition incidente.

44. La plupart des grammairiens n'admettent pas la proposition subordonnée, ils la confondent *à tort* avec la proposition incidente. — Voici en quoi diffèrent ces 2 propositions :

L'incidente se rapporte toujours à un sujet ou à un attribut, tandis que la subordonnée se rapporte à la proposition entière qui précède ou qui suit, de sorte qu'on peut déplacer la subordonnée sans nuire au sens de la phrase : *Je suis heureux,* quand je suis seul, ou : Quand je suis seul, *je suis heureux.* — Ce qu'on ne pourrait pas faire si c'était une incidente : *Je suis content* que vous soyez venu me voir, on ne pourrait pas dire, en déplaçant l'incidente : Que vous veniez me voir *je suis content.*

45. Il y a 2 espèces de propositions principales : la prin-

4*

cipale *absolue* ou *détachée,* et la principale *relative.*

46. La principale *absolue* ou *détachée* est la première énoncée, et a par elle-même un sens complet.

47. La principale *relative* est celle qui est à la suite de la principale absolue ; elle a aussi par elle-même un sens complet, mais elle se rapporte à la principale absolue avec laquelle elle forme un tout complet.

Il ne peut y avoir dans une phrase qu'une principale absolue, mais il peut y en avoir plusieurs relatives : *Mon frère est à Paris, il fait ses études, il reviendra dans deux ans.* — La 1ʳᵉ. proposition est principale *absolue,* et les 2 autres sont principales *relatives.*

48. Il y a 2 espèces de propositions incidentes : l'incidente *déterminative* et l'incidente *explicative.*

49. L'incidente *déterminative* est celle qui est liée d'une manière inséparable au sujet ou à l'attribut d'une autre proposition, pour *déterminer* le sens de ce sujet ou de cet attribut : *Le livre* QUE J'AI ACHETÉ HIER *est intéressant;* si l'on retranche l'incidente *que j'ai acheté hier,* la phrase n'offre plus de sens : *Le livre est intéressant,* on ne sait de quel livre il s'agit.

30. L'incidente *explicative* est celle qui est ajoutée au sujet ou à l'attribut d'une autre proposition, pour *expliquer* le sens de ce sujet ou de cet attribut, mais de telle sorte que si l'incidente est supprimée, le sens de la phrase n'en souffre pas : *Dieu,* QUI EST PARTOUT, *voit nos actions.* — Si l'on supprime l'incidente : *qui est partout,* la phrase offre un sens complet : *Dieu voit nos actions.*

DES DIFFÉRENTES MANIÈRES DE CONSIDÉRER LES PROPOSITIONS.

51. Si l'on considère les propositions sous le rapport de *l'ordre de leurs parties,* les propositions sont *directes,* ou *inverses.*

52. La proposition *directe* est celle dont les trois parties se succèdent dans l'ordre suivant : 1°. sujet (avec son complément); 2°. verbe; 3°. attribut (avec son complément) : *Mon avis est tel.*

53. La proposition *inverse* est celle dont les trois parties ne se succèdent pas dans l'ordre qui vient d'être dit : *Tel est mon avis.*

54. Si l'on considère les propositions sous le rapport de la *totalité de leurs parties,* les propositions sont *pleines, elliptiques, explétives, explicites,* et *implicites.*

55. La proposition *pleine* est celle dont le sujet, le verbe,

et l'attribut sont exprimés : *Le soleil est chaud, il brûle* (c.-à-d. *il est brûlant*).

56. La proposition *elliptique* est celle dont une ou plusieurs parties sont sous-entendues : *Soyons attentifs* (au lieu de : Nous, *soyons attentifs*). — *Soyez à mes ordres* (au lieu de : Vous, *soyez* soumis *à mes ordres*).

57. La proposition *explétive* est celle qui renferme un pléonasme du sujet ou de l'attribut : Moi, *je suis content.* *Il est* AIMABLE, *très-aimable.*

Quelquefois la proposition explétive renferme des mots qui n'appartiennent ni au sujet ni à l'attribut : *Je* ME *meurs* (*me* est un *mot explétif*). — *Il* SE *saisit* D'un *bâton* (*se* et *de* sont encore des *mots explétifs.*) — Pour analyser ces propositions il faut faire disparaître les mots explétifs, et dire : *Je meurs, il saisit un bâton.*

58. La proposition *explicite* est celle dont les trois parties (sujet, verbe, et attribut) sont énoncées séparément : *les étoiles sont brillantes.*

59. La proposition *implicite* est celle dont le verbe et l'attribut sont renfermés dans le même mot : *Les étoiles* BRILLENT. (*Brillent* renferme le verbe et l'attribut : *sont brillant.*)

60. On appelle *expression implicite* un mot qui équivaut à une proposition entière ; l'interjection *ah !* équivaut selon les circonstances à : *Je souffre,* ou à : *je suis content,* etc. — *Ouf !* équivaut à : *j'ai chaud,* ou à : *je suis fatigué,* etc. — *Chut !* signifie : *faites silence,* etc. — L'adv. *oui* signifie : *je le veux bien.* — *Non,* signifie : *je ne le veux pas.* — etc., etc.

Observation importante.

61. Toutes les propositions ne peuvent pas se soumettre à l'analyse logique. Telles sont les propositions suivantes qui renferment des *idiotismes* : *Je m'en vais. C'est à lui que je veux parler. Il pleut. Il ne vous convient pas de parler ainsi,* etc.

62. Le seul moyen de faire l'analyse logique de ces propositions, c'est de les ramener à une construction régulière : *Je m'en vais* (c'est-à-dire *je pars*). — *C'est à lui que je veux parler* (c.-à-d. *je veux lui parler,* ou *la personne à qui je veux parler est lui*). — *Il pleut* (c.-à-d. *la pluie tombe*). — *Il ne vous convient pas de parler ainsi* (c.-à-d. *parler ainsi ne vous convient pas*).

Voici un Modèle d'Analyse logique, d'après un nouveau procédé :

COLONNE POUR DÉSIGNER LES DIFFÉRENTES ESPÈCES DE PROPOSITIONS.	1°. SUJETS.				2°. VERBES.	3°. ATTRIBUTS.			
	SIMPL. INCOMPL.	SIMPL. COMPL.	COMPOS. INCOMP.	COMPOS. COMPL.		SIMPL. INCOMPL.	SIMPL. COMPL.	COMPOS. INCOMP.	COMPOS. COMPL.
Princip. absol. simpl. incompl.	Dieu	. . . .	. . . .	. . . .	est	juste.			
Princip. absol. simpl. compl.		Une *mauvaise* conscience	. . . .	. . . .	est	. . . .	*rarement* tranquille.		
Princip. absol. simpl. incompl. inverse.	mon avis.				est	Tel			
Princip. absol. comp. incompl. implicite.			Votre frère et votre sœur	. . . .	étudient (sont	étudiant).			
Princip. absol. compos. compl. (1: inc. déterm. simpl. compl.	o	Le livre (1) *que vous lisez*	. . . .	. . . .	est	. . . .	. . . .	amusant et instructif	
Princip. absol. simpl. compl. implicite.	Je	. . . .	. . . .	. . . .	sortirai (serai	. . . .	sortant) *demain.*		
subordonnée simpl. incompl.	si le temps	. . . .	. . . .	. . . .	est	beau.			
rincip. absol. simpl. compl. inverse. implicite.	(*Vocatif*). Monsieur je	. . . .	. . . .	. . . .	salue (suis	. . . .	vous saluant).		

4e. PARTIE :
ORTHOGRAPHE DE PRINCIPES.

L'ignorance de l'Orthographe est le signe certain
d'une éducation fort négligée.

CHAPITRE Ier. — *Du Substantif.*

1. RÈGLE GÉNÉRALE. Le Pluriel dans les substantifs se
forme en ajoutant la lettre *s* à la fin du mot : Un *jardin*,
des *jardins*.

2. — 1re. *exception.* Les subst. terminés au sing. par
s, *x*, ou *z*, n'ajoutent rien au pluriel : Un *bras*, des *bras* ;
une *voix*, des *voix* ; un *nez*, des *nez*.

3. — 2e. *exception.* Les subst. en *au* et en *eu* forment
leur pluriel en ajoutant la lettre *x* : Un *gâteau*, des *gâ-
teaux* ; un *neveu*, des *neveux*.

Nota. Il y a beaucoup d'autres exceptions, l'usage les apprendra. D'ailleurs ces exceptions n'appartiennent pas à l'orthographe de principes, qui fait l'objet de cette 4e. partie; elles
appartiennent à l'orthographe d'usage et à l'orthologie.

4. — 1re. *remarque.* Les subst. en *ou* forment leur
pluriel en ajoutant la lettre *s*, d'après la règle générale :
Un *sou*, des *sous*.

5. Il faut excepter de la règle générale les 7 substantifs
suivants, en *ou*, qui prennent la lettre *x* au pluriel : Un
chou, des *choux* ; un *caillou*, des *cailloux* ; un *joujou*,
des *joujoux* ; un *bijou*, des *bijoux* ; un *genou*, des *genoux* ;
un *hibou*, des *hiboux* ; un *pou*, des *poux*. — (Académie).

6. — 2e. *remarque.* Les subst. en *ant* et en *ent* doivent
conserver le *t* au pluriel (*) : Un *enfant*, des *enfants* ; un
serpent, des *serpents*.

7. Les subst. empruntés des langues étrangères (latine,
grecque, hébraïque, italienne, etc.) ne prennent pas la
marque du pluriel : Un *alinéa*, des *alinéa* ; un *iota*, des
iota ; un *alléluia*, des *alléluia* ; un *piano*, des *piano*, etc.

Cependant il serait mieux de soumettre à la règle générale tous les mots empruntés des langues étrangères. C'est

(*) Décision de l'Acad. franç. du 12 mars 1818. — Voyez
les Annales de gramm., p. 283.

l'opinion des meilleurs grammairiens, entr'autres de MM. Boniface et Lemare. D'ailleurs, l'Académie écrit avec la marque du pluriel : des *opéras*, des *factums*, des *débets*, des *récépissés*, des *placets*, etc., quoique ces mots soient latins.

8. Les mots employés accidentellement comme substantifs ne prennent pas la marque du pluriel : *Je n'aime pas les* POURQUOI, *les* COMMENT.

9. Les noms propres ne prennent pas la marque du pluriel : *Les deux* SÉNÈQUE *sont nés en Espagne*.

On écrit cependant : *Les 2 Amériques, les 2 Siciles, les Espagnes, les Gaules, les Canaries, les Horaces* et *les Curiaces, les Gracques, les Césars, les Scipions, les Bourbons, les Condés, les Guises, les Stuarts*.

Remarque. On emploie quelquefois les art. pluriels *les, des, aux* devant les noms propres, pour donner plus d'élégance ou d'énergie à la phrase, mais il ne faut pas écrire les noms propres au pluriel : *Le siècle des* BOSSUET *et des* FÉNÉLON. (On pourrait dire sans l'article pluriel : *Le siècle de* BOSSUET *et de* FÉNÉLON.)

11. *Exception*. Quand les noms propres sont employés comme noms communs, c.-à-d. pour servir de termes de comparaison, ils prennent la marque du pluriel. Dans ce cas, ou peut remplacer le subst. propre par un substantif commun équivalent : *Ces deux princes sont* DES ALEXANDRES. (On peut dire : *Ces deux princes sont* DE GRANDS CONQUÉRANTS, DE GRANDS GUERRIERS.) — *Les* CORNEILLES *seront toujours rares*. (On peut dire : LES BONS POÈTES TRAGIQUES *seront toujours rares*.)

12. Les subst. composés s'écrivent au singulier et au pluriel suivant le nombre qu'on obtient en décomposant l'expression. (Il n'y a que 3 espèces de mots qui puissent prendre la marque du pluriel, savoir : le *subst.*, l'*adj.*, et le *part. passé*.) *Un casse-noisettes* (c.-à-d. un instrument qui casse *les noisettes*.) — *Des serre-tête* (c'est-à-dire des bonnets qui serrent *la tête*).

Nota. Les mots qui forment le subst. composé doivent être unis par un trait d'union.

13. — 1ʳᵉ. *remarque*. Il y a des subst. composés formés de deux mots tellement inséparables que la décomposition ne peut pas avoir lieu : *Une pie-grièche*, on ne peut pas dire *une pie qui est grièche*. Alors on doit considérer le second mot comme un adjectif ajouté au premier, et le faire accorder. Une *pie-grièche*, des *pies-grièches* ; un *loup-*

garou, des *loups-garous;* une *gomme-gutte,* des *gommes-guttes,* etc.

14. — 2e. *remarque.* Il y a un subst. comp. qui a une orthographe si bizarre qu'il faut le citer à part, le voici : Un *chevau-léger,* des *chevau-légers.*

15. — 3e. *remarque.* Dans les subst. *grand'mère, grand'tante, grand'messe,* l'apostrophe tient lieu des lettres qui manquent : Des *grand'mères,* des *grand'tantes,* des *grand'messes.*

16. Les subst. placés après la prép. *de* s'écrivent tantôt au sing., tantôt au plur. — I. Mettez au sing. le subst. placé après la prép. *de,* quand ce subst. exprime, 1°. des choses qui ne se comptent pas : Une mesure DE *froment.*

2°. Ou une partie d'une seule chose ; Un plat DE *morue.*

3°. Ou la qualité, l'espèce, la matière (et non la quantité): De l'huile D'*olive,* un marchand DE *vin.*

II. Mettez au pluriel le subst. placé après la prép. *de,* 1°. quand ce subst. exprime un certain nombre de choses qui peuvent se compter : Une mesure DE *haricots.*

2°. Ou si ce subst. réveille nécessairement l'idée d'un pluriel : Un plat D'*anguilles,* un marchand DE *vins fins.*

19. Les subst. placés après les prép. *à, sur, sans, en* et autres, se mettent au sing. ou au plur. selon le sens que présente la phrase ; ainsi, on écrira au singulier : Aller A *pied,* être SUR *pied,* je suis SANS *pain,* elles sont coiffées EN *bonnet;* — et au pluriel : Sauter A *pieds joints,* il tomba SUR *pieds et mains,* je suis SANS *souliers,* elles sont coiffées EN *cheveux,* etc.

18. Doit-on écrire : *Ces dames attendent* LEUR VOITURE OU LEURS VOITURES ? — Le nombre est toujours déterminé par le sens : si chaque dame a sa voiture, il y a plusieurs voitures, et conséquemment on écrira *leurs voitures* au plur.

Il en sera de même dans les phrases suivantes : *Ces messieurs étaient au bal avec* LEURS FEMMES. *Ils ont oublié* LEURS PROPRES NOMS.

CHAPITRE II. — *De l'Adj. qualificatif.*

19. RÈGLE GÉNÉRALE. Le Féminin dans les adj. se forme en ajoutant un *e* muet à la fin du mot : *Il est* JOLI, *elle est* JOLIE.

20. *Exception.* Si l'adj. se termine au masc. par un *e* muet, on n'ajoute rien au féminin : *Il est* AIMABLE, *elle est* AIMABLE.

Nota. Il y a beaucoup d'autres exceptions, l'usage les ap-

prendra. D'ailleurs ces exceptions n'appartiennent pas à l'orthographe de principes, qui fait l'objet de cette 4ᵉ. partie; elles
appartiennent à l'orthographe d'usage et à l'orthologie.

21. RÈGLE GÉNÉRALE: Le Pluriel dans les adj. se forme
en ajoutant la lettre *s* à la fin du mot : *Il est* BON *, ils sont*
BONS.

22. — 1ʳᵉ. *exception*. Les adj. terminés au sing. par *s*
ou *x*, n'ajoutent rien au pluriel : *Un œuf* FRAIS*, des œufs*
FRAIS ; *un homme* HEUREUX*, des hommes* HEUREUX.

23. — 2ᵉ. *exception*. Les adj. en *au* prennent *x* au
pluriel : *Le* BEAU *livre, les* BEAUX *livres.*

Nota. Il y a beaucoup d'autres exceptions, l'usage les
apprendra.

24. — 1ʳᵉ. *remarque*. Les adj. *fou, mou, bleu,* prennent *s* au pluriel, d'après la règle générale : *Ils sont* FOUS,
MOUS, BLEUS.

25. — 2ᵉ. *remarque*. Les adj. en *ant* et en *ent* doivent
conserver le *t* au pluriel (*) : Il est *charmant,* ils sont
charmants ; il est *prudent,* ils sont *prudents.*

26. L'adj. s'accorde en genre et en nombre avec le subst.
ou pronom qu'il qualifie : Des *hommes polis,* des *femmes
polies, elles* sont *vraies.*

27. Quand un adj. qualifie plusieurs subst. singuliers, il
se met au pluriel : Mon *frère* et mon *cousin* sont *aimables.*

28. Quand un adj. qualifie plusieurs subst. de différents
genres, il se met au masculin (et au plur.) : Mon *frère* et
ma *sœur* sont *contents.*

29. — 1ʳᵉ. *remarque.* Quoiqu'un adj. qualifie plusieurs
subst., il s'accorde avec le dernier seulement, dans les 4
circonstances suivantes :

1°. Quand les subst. sont *synonymes,*

2°. Quand les subst. sont *unis par la conjonct. ou,*

3°. Quand les subst. sont *placés par gradation,*

4°. Quand les subst. sont *réunis dans un seul mot,* comme
tout, rien, personne, etc.

       Exemples :

Un travail, une *occupation aisée.*
Un courage ou une *prudence étonnante.*
Aristide avait une modestie, une *grandeur* d'âme peu *commune.*
Paroles et regards, *tout* est *aimable* dans cette personne.

Nota. Quand les subst. sont *synonymes,* et quand ils

_____

(*) Décision de l'Acad. franç. du 11 mars 1818. — Voyez
les Annales de gramm., p. 283.

sont placés *par gradation*, ils ne sont pas unis par la conjonction *et*.

30. — 2ᵉ. *remarque*. Quoiqu'un adj. qualifie plusieurs
substantifs, il s'accorde avec le premier seulement, quand
les subst. sont unis par une des conjonctions : *ainsi que*,
comme, de même que, aussi bien que :

Cet oiseau a le *cou*, ainsi que les ailes, fort *joli*.

31. — 3ᵉ. *remarque*. Doit-on écrire : *Des bas de soie*
ᴎᴏɪʀs, ou *des bas de soie* ᴎᴏɪʀᴇ? — L'accord de l'adj. doit
avoir lieu avec le subst. qu'on a dans l'esprit, ainsi on
écrira : *Des bas de soie* ᴎᴏɪʀs, si l'on veut faire porter
l'attention sur la *couleur des bas*, c'est comme si l'on
disait : *Des bas* ᴎᴏɪʀs *de soie*. — Et l'on écrira : *Des bas
de soie* ᴎᴏɪʀᴇ, si l'on veut que l'attention se porte sur *la
couleur de la soie*, c'est comme si l'on disait : *Des bas
faits de soie noire*.

On écrira conséquemment :

Un *voile* de gaze *vert*.	Un voile de *gaze verte*.
Des *bas* de soie *gris*.	Des bas de *soie grise*.
Des *bas* de laine *blancs*.	Une robe de *satin blanc*.
Des *boutons* de métal *ronds*.	Des boutons de *métal jaune*.

32. Les adj. *nu, demi*, et les participes *excepté, supposé, passé*, et *vu*, sont invariables quand ils sont placés
avant le substantif : *Il est* ᴎᴜ-*pieds, une* ᴅᴇᴍɪ-*heure*, ᴇxᴄᴇᴘᴛᴇ́
vos sœurs, ꜱᴜᴘᴘᴏꜱᴇ́ *ces faits*, ᴘᴀꜱꜱᴇ́ *huit heures*, ᴠᴜ *les
difficultés*.

33. Ces mêmes mots placés après le subst. s'accordent
en genre et en nombre avec le subst. : *Il a les pieds* ᴎᴜꜱ,
une heure et ᴅᴇᴍɪᴇ, *vos sœurs* ᴇxᴄᴇᴘᴛᴇ́ᴇꜱ, *ces faits* ꜱᴜᴘᴘᴏ-
ꜱᴇ́ꜱ, *huit heures* ᴘᴀꜱꜱᴇ́ᴇꜱ, *les difficultés* ᴠᴜᴇꜱ.

34. L'adj. *demi* placé après le subst. ne s'accorde qu'en
genre ; il reste au singulier, parce qu'il n'exprime qu'une
demie : *deux douzaines et* ᴅᴇᴍɪᴇ (c'est-à-dire *deux douzaines et* ᴜᴎᴇ ꜱᴇᴜʟᴇ ᴅᴇᴍɪᴇ).

35. Quand le mot *demie* est employé comme substantif,
il peut prendre la marque du pluriel : *Cette horloge sonne*
ʟᴇꜱ ᴅᴇᴍɪᴇꜱ.

36. L'adj. *feu* placé immédiatement avant le subst.,
s'accorde avec ce substantif : *La* ꜰᴇᴜᴇ *reine, ma* ꜰᴇᴜᴇ
sœur.

L'adj. *feu* séparé de son subst. par l'article ou par l'adj.
possessif est invariable : ꜰᴇᴜ *la reine*, ꜰᴇᴜ *ma sœur*.

37. Quand un adj. qualifie un verbe, il cesse d'être adj.

et devient *adverbe ;* par conséquent il est invariable : *Ces œillets sentent* BON *, ces étoffes coûtent* CHER.

38. Il ne faut pas considérer comme adjectifs certains substantifs qui sont joints à d'autres substantifs pour les qualifier ; ainsi dans les exemples suivants : *Des rubans* PAILLE *, des gazes* JONQUILLE, les mots *paille* et *jonquille* restent au singulier, parce que c'est comme si l'on disait : *Des rubans couleur de* PAILLE *, des gazes couleur de* JONQUILLE.

3g. Lorsque deux adj. se suivent, et que le second qualifie le premier, ils restent tous deux invariables : *Des cheveux* CHATAIN-CLAIR (c.-à-d. *d'un châtain qui est clair*). — *Des rubans* BLEU-FONCÉ (c.-à-d. *d'un bleu qui est foncé*).

Exception. L'adj. *aigre-doux* ne suit pas tout-à-fait cette règle, le premier adj. seulement est invariable : *Des oranges* AIGRE-DOUCES.

4o. Plusieurs adj. réunis ne peuvent forcer un subst. sing. à devenir pluriel : l'adj. reçoit bien la loi du subst., mais il ne la lui fait jamais : *Le premier* et *le second* ÉTAGE (et non pas : *étages*). — *Un cours de* LANGUE *française, italienne, et espagnole* (et non pas : *De langues*).

41. Ne confondez pas *prêt* avec *près*.

Prêt est un adj. qui signifie *préparé, disposé : Nous partirons quand vous voudrez, nous sommes* PRÊTS. — *Ils sont* PRÊTS *à vous obéir.*

Près est une prép. et un adv. qui signifient *sur le point, proche : Les beaux jours sont* PRÈS *de revenir.* — *Il demeure ici* PRÈS.

42. *Bénit* s'écrit avec un T quand il est *adjectif,* il ne se dit que des choses consacrées par une cérémonie religieuse : *Du pain* BÉNIT *, des drapeaux* BÉNITS.

Quand ce mot est *participe,* on l'écrit sans *t,* quelque signification qu'il ait d'ailleurs : *On a* BÉNI *le pain. Voici les drapeaux qu'on a* BÉNIS. — *Un peuple* BÉNI *de Dieu.*

CHAPITRE III. — *De l'Adj. déterminatif.*

43. Les adj. numéraux *vingt* et *cent* prennent la marque du pluriel quand ils sont multipliés par un autre nombre, c'est-à-dire quand il s'agit de plusieurs fois *vingt* et de plusieurs fois *cent : Quatre-*VINGTS *francs.* — *Quatre* CENTS *francs.*

44. 1re. *exception.* Quand *vingt* et *cent* sont suivis d'un autre adj. numéral, ils ne prennent pas la marque du plu-

riel (lors même qu'il s'agit de plusieurs fois *vingt* et de plusieurs fois *cent*) : Quatre-vingt-*cinq francs*. — *Quatre* cent *cinquante francs*.

45. 2ᵉ. *exception*. Quand *vingt* et *cent* sont employés pour *vingtième* et *centième*, ils ne prennent pas la marque du pluriel : Page quatre-*vingt* (c'est-à-dire page *quatre-vingtième*). — Numéro quatre *cent* (c'est-à-dire numéro *quatre centième*). — *L'an mil sept cent quatre*-vingt (c'est-à-dire *l'an mil sept cent quatre*-*vingtième*). — *L'an mil huit* cent (c'est-à-dire *l'an mil huit centième*).

46. On écrit *mil* pour la date des années, quand ce mot se trouve au commencement du nombre qui exprime la date. (C'est une abréviation de *mille*.) L'an *mil* huit cent trente-cinq.

Partout ailleurs, on écrit *mille* qui est invariable : Dix *mille* francs. L'an deux *mille* avant Jésus-Christ.

47. Quand *mille* est substantif, signifiant une mesure de chemin, il peut prendre la marque du pluriel . Trois *milles* d'Angleterre font un peu plus d'une lieue de France.

48. Les mots *million, billion* ou *milliard, trillion,* etc., sont des substantifs qui peuvent prendre la marque du pluriel : Deux *millions,* cinq *billions,* etc.

49. L'adj. numéral *quatre* ne prend jamais la marque du pluriel : Les *quatre* francs que je vous dois.

5o. *Ses* s'écrit avec une *s,* quand il peut se changer en *de lui, d'elle* ou *de soi.* (*Ses* est un *adj. possessif*.) Un père aime *ses* enfants (c.-à-d. les enfants *de lui*). Une fille doit chérir *ses* parents (c.-à-d. les parents *d'elle*). On doit respecter *ses* supérieurs (c.-à-d. les supérieurs *de soi*).

Ces s'écrit avec un *c,* quand il ne peut pas éprouver ces changements. (*Ces* est un *adj. démonstratif*.) Avez-vous visité *ces* lieux ? (On ne peut pas dire : les lieux *de lui*.)

5r. *Aucun, nul,* et *maint,* s'écrivent au singulier (ainsi que les subst., les adj., les verbes, et autres mots qui en dépendent) : *Aucun* homme n'est venu; *nul* soldat ne succomba; *maint* plaisir vous attend.

52. *Exception. Aucun, nul,* et *maint,* prennent la marque du pluriel quand ils sont joints à des subst. qui n'ont pas de singulier : *Aucuns frais, nulles funérailles, maints jeunes gens.* — Ou qui au pluriel ont une signification différente : *Il ne gagne aucuns gages, nulles troupes ne sont mieux exercées.*

Nota. Le mot *gages* au pluriel signifie *appointements, salaire* ; et au singulier il signifie *preuve, marque* : un *gage d'amitié*. — *Troupes* au pluriel signifie *des soldats,* et au sing., *une multitude* : *une troupe d'enfants*.

53. *Même* placé avant ou après un seul subst. ou pron. est *adjectif;* et par conséquent, il s'accorde avec ce subst. ou pronom :

Vous faites toujours les *mêmes* fautes.
Les Egyptiens adoraient les plantes *mêmes*.
Ils viendront eux-*mêmes*.

54. *Même* placé après plusieurs substantifs, ou joint à un verbe pour le modifier, est *adverbe,* et par conséquent *invariable :*

Les Egyptiens adoraient les animaux, les plantes *même*.
Nous voudrions *même* y aller.

55. *Quelque* joint à un subst. est *adjectif,* et conséquemment il s'accorde avec ce substantif :

Quelques talents que vous ayez.......

56. *Quelque* joint à un adj., à un part., ou à un adv., est *adverbe,* et conséquemment reste *invariable* :

QUELQUE *grands* que soient vos talents.....
QUELQUE *étonnés* que nous paraissions.....
QUELQUE *adroitement* que ces hommes fassent cela.....

NOTA. *Quelque* joint à un adj. suivi immédiatement de son substantif, est *adjectif,* et s'accorde avec ce substantif :

QUELQUES *grands talents* que vous ayez.....

57. *Quelque* devant un verbe, ou devant un pronom suivi d'un verbe, s'écrit en deux mots (*quel que*), et le premier mot (*quel*) varie, il s'accorde en genre et nombre avec le sujet du verbe :

QUELS que *soient* vos talents......
Vos talents QUELS qu'*ils soient*......
Je veux avoir cela, QUEL qu'*en soit* le prix......

58. *Quelque* signifiant *environ* est invariable : Il a *quelque* soixante ans (c.-à-d. il a *environ* 60 ans). — L'emploi de ce mot dans ce sens est maintenant assez rare.

59. *Tout* se rapportant à un subst. ou à un pron. est *adj.,* et par conséquent il s'accorde en genre et en nombre avec ce subst. ou pronom : *Tous* mes amis, *toutes* vos jolies sœurs, *tous* ceux que je connais, vos frères sont *tous* pleins d'esprit.

60. *Tout* joint à un adj. qualif., à un participe, ou à

un adverbe, est *adverbe*, èt par conséquent *invariable*.
(Dans ce cas, *tout* signifie *entièrement* ou *quoique*) :

> Ces vins-là veulent être bus *tout* purs (c.-à-d. *entièrement*
> purs).
> Ils étaient *tout* étonnés (c.-à-d. *entièrement* étonnés).
> Elles écrivent *tout* couramment (c.-à-d. *entièrement* cou-
> ramment).
> Je l'aime, *tout* ingrate qu'elle est (c.-à-dire *quoique* in-
> grate).
> Ils avancèrent cependant, *tout* effrayés qu'ils étaient (c.-
> à-d. *quoique* effrayés).
> Je ne l'admirai pas, *tout* élégamment qu'elle était vêtue
> (c.-à-d. *quoiqu*'elle fut vêtue élégamment).

61. *Exception*. *Tout* quoique adverbe, varie par *eu-
phonie*, c.-à-d. pour plaire à l'oreille, quand l'adj. ou le
participe est féminin et commence par une consonne :

> De l'eau-de-vie *toute* pure.
> J'ai les mains *toutes* déchirées.
> Je ne l'aime pas, *toute* belle qu'elle est.
> Elles ne reculèrent pas, *toutes* surprises qu'elles étaient.

62. — 1ʳᵉ. *remarque*. Dans l'expression *tout autre* suivie
d'un substantif, *tout* est tantôt *adj.*, et tantôt *adverbe* :
Tout est adjectif et s'accorde quand le sens permet de
placer *autre* après le substantif; dans ce cas, *tout* est adj.
déterminatif, parce qu'il modifie le substantif :

> Donnez-moi *toute autre* occupation (c.-à-d. donnez-moi
> *toute* occupation autre).

Tout est adverbe et reste invariable, quand le sens ne
permet pas de placer *autre* après le substantif : dans ce
cas, *tout* est adv., parce qu'il modifie l'adj. *autre* (et non
le subst.) :

> Donnez-moi une *tout* autre occupation.

On ne peut pas dire : Donnez-moi une toute occupation
autre.
Nota. Lorsque *tout* est adverbe, il est précédé de *une*.

63. — 2ᵉ. *remarque*. *Tout* est adverbe, et conséquemment invariable, quand il est suivi immédiatement d'un
subst. employé sans déterminatif, et précédé ou non précédé
d'une préposition :

> Le chien est *tout* ardeur.
> Cette femme est *tout* en colère.

64. — 3ᵉ. *remarque*. Quand *tout* signifie *chaque*, on
l'écrit indifféremment au sing. ou au pluriel :

> A tout moment, ou à tous moments.

En tou*t* lie*u*, ou en tou*s* lieu*x*.

En tou*t* genre, ou en tous genre*s*.

65. — 4ᵉ. *remarque*. On écrit au *pluriel*, à cause du sens : De *tous côtés*, de *toutes parts*, en *tous sens*, de *toutes sortes*, se sauver à *toutes jambes*.

On écrit au *singulier*, malgré le sens, mais à cause de l'oreille : De *toute espèce*, en *toute occasion*. — (De *toutes espèces*, en *toutes occasions* serait trop dur à l'oreille.)

CHAPITRE IV. — *Du Pronom.*

66. *Se* s'écrit avec une *s*, quand on peut le tourner par *soi* ou par *à soi*. (*Se* est un *pron. personnel*) : Il *se* flatte (c.-à-d. il flatte *soi*). Il *se* fera mal (c.-à-d. il fera mal *à soi*).

Ce s'écrit avec un *c*, quand il ne peut pas éprouver ce changement; (CE est un *adj. dém.* ou un *pron. dém.*) : *Ce* cheval est bon. *Ce* sera bien.

67. *Leur* joint à un verbe ne prend jamais *s*; il se décompose par *à eux*, *à elles*. (C'est un *pron. pers.* dont le sing. est *lui*.) Je *leur* parlerai (c.-à-d. je parlerai *à eux*, ou *à elles*).

Leur joint à un subst. pluriel, ou précédé des articles pluriels *les*, *des*, *aux*, prend *s* (dans le premier cas, c'est un *adj. poss.*; dans le second, c'est un *pron. poss.*) : Ces orangers ont perdu toutes LEURS *feuilles*. Les hommes ont LEURS *défauts*, les femmes ont LES *leurs*. Ce domestique est un DES *leurs*. Donnez ces fruits à mes enfants et AUX *leurs*.

68. Lorsque le pron. *vous* est employé pour *tu*, l'adj. qui s'y rapporte doit s'écrire au *sing.*, quoique le verbe soit au pluriel : Mon enfant, il faut que *vous* soyez SAGE.

Mais si *vous* sert à adresser la parole à plusieurs personnes, *l'adj.* doit s'écrire au pluriel : Mes enfants, il faut que *vous* soyez SAGES.

69. Le pron. *nous* est quelquefois employé pour le pron. *je* ou *moi*, alors l'adj. qui s'y rapporte doit s'écrire au *singulier* : Il faut que *nous* soyons PRUDENT, se dit-il à lui-même (c.-à-d. il faut que JE sois *prudent*).

70. *Nôtre*, *vôtre*, précédés d'un article, sont des *pron. poss.*, et prennent un accent circonflexe sur *ô* :

Le nôtre, le vôtre.	Les nôtres, les vôtres.
Du nôtre, du vôtre.	Des nôtres, des vôtres.
Au nôtre, au vôtre.	Aux nôtres, aux vôtres.

Notre, *votre*, joints à un subst., sont des *adj. poss.*

et ne prennent pas d'accent sur o : *Notre* ami. *Votre* père.

71. Le pron. rel. *qui* prend le genre, le nombre, et la personne de son antécédent, et les communique au verbe, à l'adjectif, et au participe qui en dépendent : Moi qui *parle*, toi qui *parles*, eux qui *parlent*, ô vertu qui *m'animes!* ma sœur, toi qui *es jolie;* ma sœur, toi qui *es aimée*.

72. — 1ʳᵉ. *remarque*. L'antécédent du pron. rel. *qui* est toujours un *subst.* ou un *pron.* placé devant. Ainsi l'adj. ne peut pas servir d'antécédent : *Nous* serons deux *qui* FERONS cela. (N'écrivez donc pas : Nous serons deux qui *feront* cela; l'antécédent de *qui* est *nous,* et non pas *deux*.)

73. — 2ᵉ. *remarque*. Dans les phrases analogues à celleci : *Tu es* CELUI *qui* A *fait cela,* le pron. relatif *qui* a pour antécédent le pronom *celui,* et non pas le pron. *tu.* (N'écrivez donc pas : *Tu* es celui qui *as* fait cela.)

74. *On,* pron. indéf., est généralement *masc.* et *sing.* : *On* est *venu.*

Quand le pron. *on* signifie particulièrement une personne du sexe féminin, il est du genre *féminin :* Quand *on* est JOLIE, on ne l'ignore pas long-temps. — Et quand il s'agit évidemment de plusieurs personnes, il est du nombre *pluriel;* mais dans ce cas, il n'y a que *l'adj.* et le *part. passé* qui se mettent au pluriel; le verbe reste au singulier : On est heureux en ménage, quand *on* est bien UNIS.

75. *Personne,* pron. indéf., est *masculin;* il n'est jamais précédé d'article ni d'adj. déterminatif : *Personne* n'est VENU.

Personne, substantif, est *féminin;* il est toujours précédé d'un article ou d'un adj. déterminatif : La *personne* est *venue.* Cette *personne* est *venue.*

76. *Quelque chose* est masculin, quand on peut le tourner par *une chose* : Il a fait *quelque chose* DE JOLI (c.-à-d. il a fait *une chose*).

Quelque chose est féminin, quand on peut le tourner par *quelle que soit la chose* : *Quelque chose* qu'il ait *articulée,* on ne l'a pas écouté (c.-à-d. *quelle que soit la chose* qu'il ait articulée, etc.).

CHAPITRE V. — *Du Verbe.*

77. Le verbe s'accorde en nombre et en personne avec son nom. ou sujet. (Le sujet se trouve en mettant *qui?* devant le verbe) : Cet *enfant* TRAVAILLE. Ces *enfants* TRAVAILLENT. *Tu* TRAVAILLES.

78. Quand un verbe a plusieurs sujets singuliers, il se met au pluriel :

Mon *frère* et ma *sœur* PARLENT bien.

79. Si les sujets sont de différentes personnes, le verbe s'accorde avec la personne qui a la priorité, et se met au pluriel. La 1re. personne a la priorité sur les deux autres, et la 2e. pers. a la priorité sur la troisième :

Vous et MOI PARTIRONS demain.
TOI et *lui* PARTIREZ ce soir.

80. — 1re. *remarque*. Quoiqu'un verbe ait plusieurs sujets, il s'accorde *avec le dernier seulement* dans les 4 circonstances suivantes :

1°. Quand les sujets sont *synonymes,*
2°. Quand les sujets sont *unis par la conjonction* ou,
3°. Quand les sujets sont *placés par gradation,*
4°. Quand les sujets sont *réunis dans un seul mot,* comme *tout, rien, personne,* etc.

Exemples :

Son courage, son *intrépidité* ÉTONNE.
La crainte ou *l'espérance* nous TROMPE souvent.
Votre intérêt, votre honneur, *Dieu,* EXIGE ce sacrifice.
Paroles et regards, *tout* me CHARME dans cette personne.

Nota. Quand les sujets sont *synonymes,* et quand ils sont placés *par gradation,* ils ne sont pas unis par la conjonction *et.*

81. *Observation*. Si les sujets unis par la conjonction ou sont de différentes personnes, le verbe se met au pluriel et à la personne qui a la priorité :

Toi ou *moi* PARTIRONS demain.
Toi ou lui PARTIREZ ce soir.

82. — 2e. *remarque*. Quoiqu'un verbe ait plusieurs sujets, il s'accorde *avec le premier seulement,* quand les sujets sont unis par une des conjonctions *comme, de même que, ainsi que, aussi bien que, non plus que,* ou par la préposition *avec* :

L'*Eléphant,* comme les castors, AIME la société de ses semblables.
La *fortune,* de même que les dignités, CHANGE le cœur de l'homme.
La *vie* humaine, ainsi que les plus belles fleurs, ne DURE qu'un moment.
Ton père, avec ta mère, FORME ton caractère.

83. — 3e. *remarque.* Quand 2 sujets sont unis par la conj. NI, et qu'ils font tous deux l'action exprimée par le verbe, le verbe se met au *pluriel :* Ni la *douceur* ni la *force* n'ÉBRANLENT sa résolution.

Mais s'il n'y a qu'un des 2 sujets qui puisse faire l'action, le verbe se met au *singulier :* Ni cette femme ni cette autre n'ÉTAIT sa mère.

84. Après *un de* ou *un des,* on met le verbe au plur., si l'action exprimée par le verbe est faite ou doit être faite par plusieurs sujets : Trajan est *un des* plus grands princes qui AIENT régné.

Mais si l'action est faite ou doit être faite par un seul sujet, on met le verbe au singulier : C'est *un de* nos écrivains qui S'EXPRIME ainsi.

85. *Plus d'un* veut le verbe qui suit au singulier :

Plus d'un homme PENSE ainsi.

Exception. Si le verbe exprime une idée de réciprocité, il se met au pluriel :

Plus d'un fripon se DUPENT l'un l'autre.

86. Le verbe *être* précédé de *ce* ne se met au pluriel que lorsqu'il est suivi d'une 3e. pers. du pluriel (subst. ou pron.) sans préposition : C'ÉTAIENT *mes frères.* C'ÉTAIENT *eux.*

Nota. Quoique deux singuliers vaillent un pluriel, le verbe *être* reste cependant au singulier dans les phrases analogues à la suivante : C'ÉTAIT *mon frère* et *ma sœur.*

87. Le *collectif général* gouverne toujours dans la phrase :

Le *peuple* des villages voisins ÉTAIT PRÉSENT à ce spectacle.

88. Le *collectif partitif* ne gouverne pas, c'est le subst. qui suit :

La plupart des *enfants* ne PENSENT guère.

89. Lorsque les collectifs partitifs *la plupart, une infinité,* et les adv. de quantité *peu, beaucoup,* ne sont suivis d'aucun substantif, il faut en supposer un ; et ce substantif, qui est *toujours pluriel,* gouverne dans la phrase (d'après la règle 88) :

La *plupart* PENSENT comme moi (c.-à-d. la plupart des *personnes* pensent comme moi).
Une *infinité* le CROIENT.
Peu le SAVAIENT.
Beaucoup l'IGNORAIENT.

90. *Le peu* suivi d'un subst. singulier, signifie *la petite quantité* ou *le manque*.

Lorsque *le peu* signifie *la petite quantité*, c'est le subst. singulier suivant qui gouverne : Le peu de VIANDE que j'ai *mangée* a suffi pour m'incommoder (c.-à-d. la *petite quantité* de viande, etc.).

Lorsque *le peu* signifie *le manque*, c'est le *peu* qui gouverne (et non le subst. singulier) : LE PEU d'humanité qu'il a *montré*, est *révoltant* (c'est-à-dire le *manque* d'humanité, etc.).

91. Quand deux verbes se suivent, le second se met au prés. de l'infinitif : Je *veux* PARLER.

92. Si le 1er. verbe est l'aux. *avoir* ou l'aux. *être*, le second se met au *part. passé* : J'ai PARLÉ. Je *suis* BLAMÉ.

Nota. Cependant si le verbe *être* signifie *aller*, le verbe qui le suit se met au *présent de l'infinitif* : J'ai *été* me PROMENER (c.-à-d. je suis *allé* me PROMENER).

93. Après une préposition, le verbe se met au *prés. de l'infin.* : Il apprend *à* CHANTER.

94. Le prés. de l'infin. est toujours *invariable* (il ne prend jamais *s*) : Je veux *les* DEMANDER (et non : *les demander*s).

95. *Le fut. de l'indic.* et *le cond. prés.* se prononcent à-peu-près de même à la 1re. pers. du sing., mais l'orthographe en est différente ; le fut. s'écrit par *rai*, et le cond. par *rais* : il faut, pour distinguer ces 2 temps, mettre le verbe au pluriel ;

> Je *sorti*RAI, s'il fait beau temps; (et au pluriel : *nous sor-tirons*, s'il fait beau temps. — C'est le *futur*.)
> Je *sorti*RAIS, s'il faisait beau temps; (et au plur. : *nous sortirions*, s'il faisait beau temps. — C'est le condit.).

96. L'imparfait de l'ind. et le prét. défini des verbes de la 1re. conjugaison ont à-peu-près la même prononciation à la 1re. pers. du singulier, mais l'orthographe en est différente : l'imparf. s'écrit par *ais* et le prét. déf. par *ai*; il faut, pour distinguer ces 2 temps, mettre le verbe au pluriel :

> Je donn*ai* hier un bal; (et au plur. : nous donn*âmes* hier un bal — (C'est le *prét. défini*.)
> Autrefois je donn*ais* des bals; (et au plur. : autrefois nous donn*ions* des bals. — C'est l'*imparfait*.)

97. Le prét. déf. et l'imparf. du subj. se prononcent de même à la 3e. pers. du sing., mais l'orthographe en est différente. Le prét. déf. de la 1re. conjug. s'écrit par *a*, et l'imparf. du subj., par *ât*; le prét. déf. des 3 dernières

conjug. s'écrit par *it, ut, int,* et l'imparf. du subj., par *ît, ût, înt* (avec un accent circonflexe).

Il faut, pour distinguer ces 2 temps, mettre le verbe au pluriel :

> Je crois qu'il *donna* tout; (et au plur. : je crois qu'ils *donnèrent* tout. — C'est le *prét. déf.*).
>
> Je ne croyais pas qu'il *donnât* tout; (et au plur. : je ne croyais pas qu'ils *donnassent* tout. — C'est l'*imparf. du subj.*).
>
> Je pense qu'il *vint* tard; (et au plur. : je pense qu'ils *vinrent* tard. — C'est le *prét. déf.*).
>
> Je craignais qu'il ne *vînt* pas ; (et au plur. : je craignais qu'ils ne *vinssent* pas. — C'est l'*imparf. du subj.*).

98. Le prés. de l'indic. des verbes en *gner, iller, yer,* et *ier,* a la même prononciation que l'imp. de l'ind. et le prés. du subj. à la 1re. et à la 2e. pers. du pluriel, mais l'orthographe en est différente. Il ne faut pas oublier que le prés. de l'indic. se forme du participe présent en changeant *ant* en *ons, ez ;* et que l'imparf. de l'indic., ainsi que le prés. du subj., se forme aussi du part. prés., mais en changeant *ant* en *ions, iez.* — Pour distinguer ces 3 temps, mettez le verbe *faire* à la place du verbe qui embarrasse :

> Nous *gagnons* peu maintenant; (et avec le verbe *faire* : nous *faisons* peu de gain maintenant. — C'est le *prés. de l'indic*).
>
> Nous *gagnions* davantage autrefois; (et avec le verbe *faire* : nous *faisions* plus de gain autrefois. — C'est l'*imparf. de l'indic.*).
>
> Il faut que nous *gagnions* davantage ; (et avec le verbe *faire* : il faut que nous *fassions* plus de gain. — C'est le *prés. du subjonctif*).

99. Les verbes en *quer* (comme *fabriquer, communiquer*) conservent les lettres *qu* dans toute la conjugaison : Nous fabri*qu*ons, que nous fabri*qu*assions, un homme fabri*qu*ant des armes.

Mais hors de la conjugaison, c.-à-d. quand les mots sont *substantifs,* on change *qu* en *c* : Une fabrication, un fabricant d'armes.

100. Les verbes en *guer* (comme *intriguer, fatiguer*) conservent la lettre *u* après le *g* dans toute la conjugaison : Nous intri*gu*ons, un état fati*gu*ant celui qui l'exerce.

Mais hors de la conjugaison, c.-à-d. quand les mots sont *substantifs* ou *adjectifs,* on supprime l'*u* après le *g* : C'est un intrigant, voilà un exercice fatigant.

101. Lorsque les pronoms *il, elle, on,* sont placés après un verbe à la 3e. pers. sing., terminée par une voyelle,

on met un *t* entre le verbe et le pronom. Cette lettre *t*, qui s'appelle *lettre euphonique* (c.-à-d. servant à adoucir la prononciation) se place entre 2 traits d'union : Aura-t-il fini ? Parle-t-elle ? Viendra-t-on ?

102. Lorsque les pronoms *en* et *y* sont placés après la 2ᵉ. pers. sing. de l'impératif terminée par un ᴇ *muet*, on met une *s* euphonique entre le verbe et le pronom :

> Voici des livres, donne-*s*-en à ton frère. •
> Tu t'occupes de cette affaire, donne-*s*-y tous tes soins.

Nota. Si le mot ᴇɴ est préposition, on n'emploie pas la lettre euphonique *s* :

> Donne *en* passant ce livre au libraire ; (et non : Donne-*s*-en passant, etc.).

103. Lorsque le pronom *je* est placé après un verbe terminé par un *e* muet, on met un *accent aigu* sur cet ᴇ *muet*. (Cet accent s'appelle *accent euphonique*.)

> *Fermé-je* la porte ?
> *Puissé-je* vous voir heureux !
> *Dussé-je* périr, j'exécuterai mon dessein.

Nota. Il ne faudrait pas écrire : *Puissai-je, dussai-je,* etc.

104. Le verbe *aller* fait à l'impératif ᴠᴀ (qu'on écrit sans *s*) : *Va* chez ton ami.

105. Quand l'impératif ᴠᴀ est suivi du mot ʏ, on met une *s* euphonique entre les deux mots : Va-*s*-y.

Mais si après le mot *y*, il y a un infinitif, on n'emploie pas la lettre euphonique *s* : *Va y* donner ordre.

106. L'impératif du verbe pronominal *s'en aller* est : *Va-t'en.* — Ce n'est pas ici le *t* euphonique, c'est le pron. personnel *te* dont la dernière lettre est supprimée : l'apostrophe est donc indispensable. Ce qui prouve que c'est le pronom *te*, c'est qu'au pluriel on dit : *Allez-*vous-*en,* *vous* est le pluriel de *t'* (ᴛᴇ). N'écrivez donc pas : *Va-*ᴛ-*en,* écrivez : *Va-*ᴛ'*en.*

NOTE ESSENTIELLE.

La Conjugaison (1ʳᵉ. Partie de cette Grammaire) contient des règles d'*Orthographe* sur le *Verbe*, objet du présent chapitre. — Voyez plus particulièrement les nᵒˢ. suivants :

Page 18. = Nᵒ. 56.
Page 20. = Nᵒˢ. 58, 59, 60, 61, 62, et 63.
Pages 26 et 27. = Nᵒˢ. 85, 86, 87, et 88.
Pages 30, 31, 32, et 33. = Nᵒˢ. 91, 92, 93, 94, 95, 96, 97, 98, 99, 100, 101, 102, et 103.

CHAPITRE VI. — *Du Participe présent.*

107. Le *Participe présent* est toujours *invariable*. Exemple : *Cette femme est douce, affable,* PRÉVENANT *tout le monde.*

Cependant on dit : *Une femme* PRÉVENANTE, en faisant varier le mot *prévenant;* mais alors ce n'est pas un Participe présent, c'est un *adjectif verbal,* c'est-à-dire un *adjectif qui vient d'un verbe.*

Si le mot terminé par *ant* est un *Participe présent,* il est INVARIABLE; si c'est un *adjectif verbal,* il VARIE, il prend le genre et le nombre du substantif ou pronom auquel il se rapporte. La difficulté est donc de distinguer le *Participe présent* de l'*Adjectif verbal.*

Le *Participe présent* exprime une *action,* surtout une action momentanée; et l'*Adjectif verbal* exprime une *qualité,* une situation habituelle, un état plus ou moins durable.

On reconnaît à 3 circonstances principales que le mot en *ant* est un *participe présent :*

Iº. Quand il est précédé de la prép. *en :*

Elles ont pleuré *en* PARTANT.

108. — IIº. Quand il est suivi d'un *régime direct :*

Une mère CARESSANT *ses enfants.*

109. — IIIº. Quand il est accompagné d'une circonstance de *lieu,* de *temps,* ou de *quelque mot explicatif :*

Des fleurs NAISSANT *au milieu des ronces.*
Des fleurs NAISSANT *dans l'hiver.*
Des fleurs NAISSANT *sans culture.*

110. Hors de là, le mot en *ant* est généralement un *adj. verbal :*

Voilà des fleurs *naissantes.*

Je dis *généralement,* car il y a des nuances si délicates et si difficiles à saisir qu'il n'est pas possible d'établir des *règles* satisfaisantes à cet égard ; et, comme le dit très-bien M. Lemare, il est bien plus sûr de se diriger par l'*idée* qu'on veut peindre, que par des *règles* insuffisantes et souvent fausses (que ce grammairien appelle plaisamment des *recettes*). Ainsi, voulez-vous exprimer l'idée d'une *action* qui ne dure qu'un certain temps? employez le part. présent. — Est-ce l'idée d'un *état permanent ?* employez l'adj. verbal.

CHAPITRE VII. — *Du Part. passé.*

111. — 1re. RÈGLE. Le part. passé joint à l'auxiliaire *être*, s'accorde en genre et en nombre avec son nominatif ou sujet. (Le sujet se trouve en mettant *qui?* devant le verbe; la réponse indique le sujet) :

Ma sœur *est* AIMÉE.

112. — 2e. RÈGLE. Le part. passé joint à l'auxil. *avoir* s'accorde en genre et en nombre avec son régime direct, si ce régime est avant. (Le régime direct se trouve en mettant *qui?* ou *quoi?* après le verbe; la réponse indique le régime direct) :

Notre *sœur* que nous avons AIMÉE......

113. Hors ces deux cas, c'est-à-dire si le participe passé n'est pas joint à l'aux. *être*, et s'il n'est pas précédé de son *régime direct*, il est invariable :.

Nous *avons* DÎNÉ.

Nous avons AIMÉ *notre sœur.*

AINSI,

Quand on rencontre un *participe passé* dans une phrase, comment peut-on savoir s'il doit varier?

Il faut se faire les 2 questions suivantes :

1re. *question* : Le part. passé est-il joint à l'auxil. *être?*

OUI. = Accord avec le nom. ou sujet.

NON. = Passez à l'autre question.

2e. *question* : Le part. passé est-il précédé de son *rég. direct?*

OUI. = Accord avec le rég. direct.

NON. = Laissez le part. *invariable.*

NOTE IMPORTANTE.

114. Avant de chercher le régime direct, il faut avoir la précaution : 1°. de trouver le sujet; et 2°. de ne joindre à ce sujet aucun mot qui lui soit étranger.

EXEMPLE
pour prouver la nécessité de commencer par trouver le sujet :

Voilà les peines que m'a causées cet évènement.

Si pour reconnaître le rég. direct du verbe *a causées,* on disait, sans aucune précaution : *Voilà les peines que m'a* causées quoi? on répondrait : *Cet évènement.* On croirait avoir le rég. direct du verbe *a causées,* et point du tout, on en aurait le sujet. Il faut donc commencer par chercher le sujet, et dire : Qui *a causé?* Réponse : *Cet évènement;* voilà le sujet. — Puis ensuite on cherche le régime direct en disant : *Cet évènement a causé* quoi? Réponse : *Les peines;* voilà le rég. direct.

115. EXEMPLE
pour prouver la nécessité de n'ajouter au sujet aucun mot qui lui soit étranger :

Je les ai crus bons (en parlant de livres).

Si pour trouver le rég. direct du verbe *ai crus,* on disait : Je *les ai crus* quoi? on répondrait *bons.* On croirait avoir le rég. direct du verbe *ai crus,* mais on se tromperait, car la question est mal faite; elle renferme le mot même de la réponse, qui est le pronom *les* (signifiant *eux,* les *livres*). Il faut donc dire, en énonçant le sujet, et *rien que le sujet:* J'*ai cru* quoi? Réponse : *Les* (*eux, les livres*) : voilà le *régime direct.*

Il faut remarquer en outre que dans la première question (JE LES AI CRUS QUOI?) on a eu pour réponse le mot BONS, qui est un adjectif; or, un adjectif n'est jamais régime direct d'un verbe, il est qualificatif d'un substantif ou d'un pronom. Dans cet exemple : JE LES AI CRUS BONS, l'adjectif BONS est qualificatif du pronom LES.

116. Toutes les difficultés des participes peuvent se résoudre au moyen des 2 règles énoncées dans les nos. 111 et 112; car le *part. passé ne peut s'accorder qu'avec son sujet* ou *avec son rég. direct.* Aussi dans les *Observations* qui suivent, ne verra-t-on autre chose que l'application de ces 2 règles.

OBSERVATIONS.

117. — I. Le part. passé employé *sans auxiliaire* doit être supposé joint à l'auxil. *être,* parce qu'en effet l'auxil. *être* est sous-entendu : *Une femme* ESTIMÉE (c'est-à-dire *une femme* QUI EST *estimée*). — Dans ce cas, accord avec le sujet, par la 1re. règle du part. passé, no. 111.

118. — II. Le part. passé d'un verbe pronominal est toujours joint à l'auxil. *être,* mais cet auxil. *être* est très-souvent employé pour l'auxil. *avoir* (ainsi qu'on l'a vu dans l'*Analyse grammaticale,* no. 147, page 70). Dans ce cas, le participe ne s'accorde pas avec son sujet : *Cette femme s'est* DONNÉ *la mort* (c.-à-d. *cette femme* A DONNÉ *la mort à soi.* — Mais il s'accordera avec son rég. direct,

si ce régime est avant : *Cette femme s'est* TUÉE (c.-à-d. *cette femme a tué* soi). Règle 2ᵉ. du part. passé, n°. 112.

Quand l'aux. *être* d'un v. pronominal n'est pas employé pour l'aux. *avoir*, le part. passé s'accorde avec son sujet (par la 1ʳᵉ. règle, n°. 111) : *La corde s'est* CASSÉE (on ne peut pas dire : *La corde* A *cassé soi*). — *Elle s'est* RE-PENTIE *de sa faute* (on ne peut pas dire : *Elle* A *repenti soi de sa faute*).

119. — III. Le part. passé d'un v. unipersonnel conjugué avec l'aux. *être*, s'accorde avec son sujet apparent *il* (et non avec son sujet réel) : IL *est* VENU *des hommes*, 1ʳᵉ. règle, n°. 111.

Le part. passé d'un v. unipersonnel conjugué avec l'aux. *avoir*, est toujours invariable, car il ne peut pas avoir de régime direct placé devant, puisqu'un v. unipersonnel n'a jamais de régime de cette nature, malgré les apparences contraires : *Les pluies qu'il a* FAIT. (Voyez l'*Analyse grammaticale*, n°. 163, page 72.)

120. — IV. De même, les verbes neutres n'ont pas de régime direct malgré les apparences ; ainsi donc, le participe d'un v. neutre conjugué avec l'aux. *avoir* est toujours invariable : *Les jours qu'il a* VÉCU (c.-à-d. *les jours* PEN-DANT LESQUELS *il a vécu*). — (Voyez l'*Analyse grammatic.*, n°. 133, page 68.)

Si le verbe neutre est conjugué avec l'aux. *être*, il s'accorde avec le sujet (par la 1ʳᵉ. règle, n°. 111) : *Ma sœur est* TOMBÉE.

NOTA. Il y a deux verbes neutres qui demandent une obser-vation particulière ; ce sont les verbes COUTER et VALOIR, qui ne sont NEUTRES que dans le sens propre (c.-à-dire quand il s'agit d'argent).

Les sommes que ce cheval a COUTÉ.....
Les sommes que ces objets auraient VALU...

Dans le sens figuré, COUTER et VALOIR sont ACTIFS :

Les larmes que cette perte lui a COUTÉES.....
Les honneurs que son mérite lui a VALUS....

121. — V. Lorsque le part. passé a pour régime direct le pron. relatif *en* ou *le*, il est invariable, parce que ces pronoms sont eux-mêmes invariables, quels que soient le genre et le nombre des mots auxquels ces 2 pronoms se rap-portent :

Voulez-vous des plumes ? j'EN *ai* ACHETÉ.
Cette tragédie est aussi belle que je L'*avais* PENSÉ.

(Application de la 2ᵉ. règle, n°. 112.)

Nota. Le mot *le* est un pronom *relatif invariable*, quand

il tient la place d'un adj. qualif., d'un infinitif, d'un part. passé,
ou d'une phrase entière. (Voyez l'*Analyse grammaticale,*
n°. 67, page 53.) — Quand le mot *le* tient la place d'un subst.,
c'est un *pron. personnel masc. singulier,* dont le féminin est
la, et le pluriel, *les.*

122. — VI. Lorsque le part. passé est suivi d'un infinitif sans préposition, il est quelquefois difficile de distinguer
quel mot est le rég. direct, car si l'on fait usage de la question *qui* ou *quoi?* placée après le participe pour trouver le
régime, on obtient deux réponses contradictoires; exemple :
La dame que j'ai entendue chanter a une jolie voix;
si l'on demande : *J'ai entendu qui* ou *quoi?* on aura pour
réponse : *La dame* ou *chanter,* car on peut également
dire : *J'ai entendu* LA DAME, et *j'ai entendu* CHANTER.

La première réponse exige que le participe varie, et la
seconde, au contraire, qu'il ne varie pas. On doit donc,
pour lever la difficulté, se servir d'un moyen plus sûr.

Il faut mettre après le participe le mot employé comme
régime, et changer l'infinitif en participe présent. Si ce
changement peut avoir lieu, le Participe varie.

Dans l'exemple cité, on peut dire : *J'ai entendu la dame
chantant.* Le participe variera donc, puisque le changement peut avoir lieu. (Application de la 2ᵉ. règle, n°. 112.)

Mais dans l'exemple suivant : *La chanson que j'ai* EN-
TENDU CHANTER *est jolie,* on ne peut pas dire : *J'ai entendu
la chanson chantant.* Alors le participe sera invariable.

Quelquefois l'infinitif qui suit le Participe est sous-entendu :
J'ai fait toutes les démarches que j'ai dû (c'est-à-dire que j'ai
dû FAIRE). — Dans ce cas, le participe est invariable, parce
que l'infinitif sous-entendu est le régime direct, et que ce rég.
direct est placé après le participe.

123. — VII. Le Participe *laissé* joint à un infinitif est
toujours invariable :

Je les ai LAISSÉ ENTRER.
Ils se sont LAISSÉ BATTRE.

Le pronom *les* n'est pas le régime direct du Participe
laissé, mais des deux verbes ensemble : *laissé entrer.* On
considère le Participe *laissé* et l'*infinitif* comme ne faisant
qu'une seule expression, qu'un seul mot (*). — (*Laisser*
joint à un infinitif, signifie *permettre, souffrir, ne pas
empêcher.*)

(*) Opinion de Th. Corneille, de Wailly, de Douchet, de
Girard, de Condillac, de De la Touche, de Levisac, de Laveaux,
et de plusieurs grammairiens modernes.

Il en est de même du participe *fait*, ce participe joint à un infinitif est toujours *invariable* :

Je les ai FAIT ENTRER.

CHAPITRE VIII. — *De l'Adverbe.*

124. L'*Adverbe* est un mot *invariable*, c.-à-d. qui ne prend ni genre ni nombre : Ils étaient *ensemble* (et non : *ensembles*).

Cependant on écrit : *jamais, toujours, ailleurs, dedans,* et quelques autres adverbes, avec une *s* finale, mais cette lettre n'est pas la marque du pluriel, elle est exigée par l'*Orthographe d'usage.*

125. *Plus tôt* signifiant le contraire de *plus tard*, s'écrit en deux mots : Il arrivera *plus tôt* que moi.

Plutôt signifiant *préférablement*, s'écrit en un seul mot : *Plutôt* mourir que de se déshonorer.

126. *Là* s'écrit avec un accent grave, quand il est adverbe : Que faites-vous *là*? Prenez celui-*là*.

La s'écrit sans accent, quand il est *article* ou *pronom personnel* : *La* terre est ronde. Je *la* regarde.

127. *Où* s'écrit avec un accent grave sur l'*u*, quand il est *adverbe* ou *pronom relatif* : *Où* allez-vous? Voici la maison *où* il loge.

Ou s'écrit sans accent, quand il est *conjonction* (il signifie *ou bien*) : Je veux l'un *ou* l'autre (c'est-à-dire je veux l'un *ou bien* l'autre).

128. Les adverbes *autrefois, quelquefois, toutefois,* s'écrivent en un seul mot :

Autrefois je travaillais beaucoup.
Je vais *quelquefois* me promener.
Venez avec moi, si *toutefois* cela ne vous dérange pas.

NOTA. *Quelque chose, quelque temps, quelque part,* s'écrivent en deux mots.

129. *Partout* signifiant *en tout lieu*, s'écrit en un seul mot; c'est un adverbe : Il va *partout*.

Par tout s'écrit en deux mots dans tous les autres cas : *Par tout* ce que je sais, je le crois honnête homme.

130. *Surtout* s'écrit en un seul mot, quand il signifie *principalement* (c'est un adverbe) : Il lui recommanda *surtout* d'avoir soin de sa mère.

— Et quand il signifie une espèce de redingote fort large qui se met sur tous les autres habits (c'est un substantif) : J'ai acheté un *surtout*.

Dans tout autre cas, *sur tout* s'écrit en deux mots :

Il parle *sur tout.*

131. *Davantage* s'écrit en un seul mot, quand il est adverbe; il signifie *plus :* Travaillez *davantage.*

Partout ailleurs *d'avantage* s'écrit en deux mots, et peut prendre la marque du pluriel (parce qu'il est substantif) : Il a beaucoup *d'avantages* sur moi.

132. L'adverbe *alentour* s'écrit aussi en trois mots : A L'ENTOUR :

On bâtit ici *alentour.*
Il tournait *à l'entour.*

133. *A propos* s'écrit sans trait d'union, quand il signifie *dans un temps convenable* ou *convenablement* (c'est un adverbe) : Il est venu *à propos.* Il a répondu *à propos.*

A-propos s'écrit avec un trait d'union dans tout autre cas (c'est un subst.) : Voilà un bon *à-propos.*

134. *Encore* s'écrit avec un *e* muet à la fin du mot : Il est *encore* revenu.

Cependant en poésie, on l'écrit quelquefois sans E *muet,* quand on veut n'avoir que deux syllabes dans ce mot (au lieu de trois) : Il est *encor* très-beau.

135. *Guère* s'écrit avec ou sans *s* à la fin : Je n'en ai *guère.* Il ne travaille *guères.*

Cependant on écrit plus souvent *guère* (sans *s*), et surtout devant une voyelle : Il n'en a *guère* envie.

136. Presque tous les adj. terminés en *ant* et en *ent* forment des adverbes en changeant *nt* en *mment :*

*Consta*NT. = *Consta*MMENT.
*Prude*NT. = *Prude*MMENT.

Remarquez que le premier adv. s'écrit avec un *a* à cause de son adj. *consta*NT; le second s'écrit avec un *e*, à cause de son adj. *prude*NT.

137. *Témoin* placé au commencement d'une phrase, et *à témoin,* sont pris adverbialement, et restent par conséquent invariables :

Témoin les victoires qu'il a remportées.
Je les prends tous *à témoin.*

Pour témoin est un substantif qui prend la marque du pluriel, quand il s'agit de plusieurs personnes :

Je les prends tous *pour témoins.*

CHAPITRE IX. — *De la Conjonction.*

138. QUAND signifiant *lorsque* ou *dans quel temps*, s'écrit avec un D. (Dans le premier cas, c'est une *conjonction;* dans le second, c'est un *adverbe*) :

> *Quand* vous viendrez, vous me ferez plaisir (c'est-à-dire *lorsque* vous viendrez, etc.)
> *Quand* viendrez-vous? (c.-à-d. *dans quel temps* viendrez-vous?)

QUANT signifiant *pour ce qui est de*, s'écrit avec un T (c'est une *préposition*) :

> *Quant* à moi, je partirai demain (c.-à-d. *pour ce qui est de moi*, je partirai demain).

NOTA. *Quant* (avec un *t*) est toujours suivi de la prép. *à.*

139. PARCE QUE signifiant *vu que* ou *attendu que*, s'écrit *en deux mots :*

> Je ne peux pas sortir, *parce que* je suis malade (c.-à-d. *vu que* je suis malade, ou *attendu que* je suis malade).

PAR CE QUE signifiant *par la chose que*, s'écrit *en trois mots :*

> *Par ce que* je vois, je pense que vous réussirez (c.-à-d. *par la chose que* je vois, je pense que vous réussirez).

140. QUOIQUE signifiant *bien que*, s'écrit en un seul mot (*quoique* est une *conjonction*) :

> *Quoique* peu riche, il est généreux (c.-à-d. *bien que* peu riche, etc.)

QUOI QUE signifiant *quelque chose que*, s'écrit en deux mots (*quoi que* est un *pron. indéfini*) :

> *Quoi que* vous fassiez, vous ne réussirez pas (c.-à-d. *quelque chose* que vous fassiez, etc.)

CHAPITRE X. — *De l'Interjection.*

141. *Ah!* exprime la *joie,* la *douleur,* et l'*admiration :*

Ah! quel plaisir!
Ah! que je souffre!
Ah! comme c'est beau!

Ha! exprime l'*étonnement* et la *frayeur :*

Ha! vous voilà!
Ha! j'ai eu peur!

142. *Oh!* s'emploie pour l'*exclamation* et pour l'*affirmation :*

> *Oh !* qu'il est cruel de perdre un ami!
> *Oh !* pour le coup , j'avais tort.

Ho ! marque l'*étonnement ;* il sert aussi *pour appeler :*

> *Ho !* que me dites-vous là !
> *Ho !* venez un peu ici.

Nota. Dans ce dernier cas , *ho !* est une abréviation de *holà!*

143. O désigne l'*apostrophe ;* il marque aussi l'*exclamation :*

> O mōn Dieu , exaucez ma prière !
> O qu'il est cruel de perdre un ami!

Nota. Dans ce dernier cas, *ó* s'emploie pour *oh! —* On ne met jamais le *point d'exclamation* immédiatement après *ó ;* on le met après le mot qui est en apostrophe, ou à la fin de la phrase exclamative.

144. *Eh!* exprime l'*admiration,* la *surprise,* et la *douleur :*

> *Eh !* comme il est beau !
> *Eh !* qui aurait pu croire cela ?
> *Eh !* que je suis malheureux !

Nota. On ne met pas d'accent sur *eh !*

Hé! sert à *appeler, à avertir :*

> *Hé !* viens ici.
> *Hé !* qu'allez-vous faire ?

On écrit aussi : *hé bien! hé quoi! —* De plus il faut remarquer que le point d'exclamation ne se met qu'après *bien* et *quoi.*

Le choix entre *ah!* et *ha!,* oh! et *ho!,* eh! et *hé!* n'est pas difficile, si l'on fait attention à la prononciation : si l'on prononce ces mots *brièvement,* on les écrit avec une *h,* qui est alors *aspirée.* Si au contraire, on appuie sur ces mots, si on les prolonge, il n'y a pas d'*h aspirée,* elle se trouve à la fin. La *frayeur,* l'*étonnement,* un *sentiment subit* font prononcer ces mots *brièvement ;* la *joie,* la *douleur,* l'*exclamation,* un *sentiment profond,* les font prononcer *longuement.*

---

145. L'Interjection de douleur *aïe!* s'écrit avec un *ï* surmonté d'un tréma (et non *aye* avec un *y*); on l'écrit aussi *ahi! :*

> *Aïe !* vous me faites mal !
> Ou bien : *Ahi !* vous me faites mal !

CHAPITRE XI. — *Des Accents, et autres Signes orthographiques* (*).

DES ACCENTS.

146. On ne met pas d'accent sur l'*e*, dans les 3 circonstances suivantes :

1°. Devant deux consonnes semblables : *Terre, belle, cette, cesse,* etc.

2°. Devant un *x* : *Sexe, exemple.*

3°. Devant une consonne qui termine la syllabe : *Vertu, estime, berger, assez.* — Exceptions : *Après, forêt,* etc.

147. On met un accent grave sur l'*e*, quand il y a un *e muet* dans la syllabe suivante : *Fidèlement, il espèrera.* — Mais on écrira : *Fidélité, espérance,* parce qu'il n'y a pas d'e muet dans la syllabe suivante.

Il faut excepter de cette règle la syllabe *ége* et la syllabe *ée,* qui prennent un accent aigu quoiqu'il y ait un *e muet* après : Un *siége, je crée.*

DE L'APOSTROPHE.

148. Les mots *jusque, lorsque, puisque, quoique, quelque,* et *entre,* s'écrivent avec une apostrophe devant certains mots qui reviennent souvent dans le discours, tels que : *à, au, aux, il, elle, ils, elles, eux, un, une, on, autre, ici,* et *alors : Jusqu'à Paris, jusqu'au ciel, jusqu'aux nues, jusqu'ici, jusqu'alors.* — *Lorsqu'il voudra.* — *Puisqu'elle le veut.* — *Quoiqu'on le dise.* — *Quelqu'un, quelqu'autre.* — *Entr'eux, entr'autres.*

Mais on écrira sans apostrophe : *Puisque aider les malheureux est un devoir. J'avais quelque espoir. Entre amis,* etc.

149. On ne met pas d'apostrophe dans le mot *contre : contre eux.*

DU TRÉMA.

150. On écrivait autrefois les mots suivants avec un tréma : *poème, poète, poètique; poésie, Noé, Noel,*

(*) L'emploi des *Accents* et autres *Signes orthographiques* étant un objet d'*orthographe d'usage,* il n'est guère possible d'établir des *règles* à ce sujet; il ne sera donc question ici que de quelques *règles générales.*

Israel, israélite, et quelques autres. On les écrit maintenant avec un accent. — (*Noel* et *Israel* ne prennent pas d'accent, parce que l'*e* est devant une consonne qui termine la syllabe. Voyez la règle 146.)

151. On emploie le tréma dans les mots suivants · *Ciguë, aiguë, exiguë,* etc. — Il serait plus raisonnable de placer le tréma sur l'*u* (et non sur l'*e*), puisque c'est l'*u* qu'il s'agit de prononcer séparément de l'*e;* mais l'usage en a décidé autrement.

152. C'est une faute que d'écrire *déïsme, athéïsme,* et quelques autres, avec un tréma. L'accent suffit pour faire détacher les 2 voyelles. Ecrivez donc : *Déisme, athéisme.*

De la Cédille.

153. La cédille ne s'emploie que devant l'*a*, l'*o*, et l'*u*, pour donner au *c* le son de l's : *Façade, façon, reçu,* — Ce serait sans utilité qu'on la placerait devant l'*e* et l'*i* : *Recevoir, adoucir.* (N'écrivez donc pas : *Reçevoir, adouçir.*)

Du Trait d'union.

154. On met un trait d'union entre les pronoms personnels et l'adj. *même : Moi-même, toi-même,* etc.

155. On met un trait d'union entre le verbe et les pronoms *sujets : je, tu, il, elle, nous, vous, ils, elles, ce, on : Irai-je? est-ce vrai? que dit-on?* etc.

156. On met un trait d'union entre le verbe et les pronoms *régimes : Moi, toi, nous, vous, le, la, les, lui, leur, y, en : Donne-moi, tais-toi, prenez-le, venez-y, parlez-en,* etc.

Si l'impératif a 2 pronoms, on emploie deux traits d'union : *Donne-le-moi, prenez-le-lui,* etc.

Remarque. On écrira sans trait d'union : *Venez le voir,* parce que le pron. *le* est régime du second verbe (et non du premier). On écrira par la même raison : *Venez lui parler, va te récréer,* etc.

157. On met un trait d'union entre l'adv. *très* et le mot qui suit : *Très-bon, très-bien.* — (Cependant quelques bons imprimeurs, entr'autres M. Didot, n'en mettent plus.)

158. On joint par un trait d'union les mots *ci* et *là,* quand ils sont unis d'une manière inséparable au mot qui précède ou qui suit : *Ceux-ci, ceux-là, ci-dessus, là-bas.*

Mais on écrira sans trait d'union : *C'est là une belle action, ce sort là vos gens,* parce qu'on pourrait, sans nuire au sens, supprimer le mot *là*, et dire : *C'est une belle action, ce sont vos gens.*

159. Il faut réunir par un trait d'union les adj. numéraux qui expriment des nombres composés de 2 chiffres : *Dix-sept, dix-huit, dix-neuf, quatre-vingt-un, quatre-vingt-deux*, etc.

Excepté : *Vingt et un, trente et un*, et tous ceux où se trouve la conjonction *et*.

Chapitre XII. — *De la Ponctuation.*

De la Virgule.

160. On emploie la virgule pour séparer les parties semblables d'une phrase, comme les sujets, les verbes, les qualificatifs, etc., avec ou sans complément :

Le *père*, la *mère*, les *enfants* sont partis.
Il *allait, venait, montait, descendait.*
Ce jeune homme est *bon, généreux, instruit, modeste.*
Il est *savant sans pédanterie, gai sans tumulte, poli sans affectation.*
Il a été *nourri par sa mère, élevé par son oncle, protégé par ses amis.*

161. Quand une phrase est composée de plusieurs parties semblables, et que la dernière est précédée de la conjonction *et*, on met la virgule entre les deux dernières comme entre les autres :

Ce voyageur connaît l'*Europe*, l'*Asie*, l'*Afrique*, et l'*Amérique.*

162. Quand il n'y a que *deux parties* semblables unies par *et, ni, ou*, et que ces deux parties ont peu d'étendue, on ne met pas de virgule :

J'aime *la musique* et la *peinture.*

Si les deux parties semblables ont une certaine étendue, on emploie la virgule :

J'aime *la musique depuis mon enfance*, et la *peinture depuis mon voyage en Italie.*

163. On sépare par une virgule les propositions qui ont peu d'étendue :

Je suis venu, j'ai vu, j'ai vaincu.

Si les propositions ont une certaine étendue, on les sépare par un point-virgule. (Voyez ci-après, n°. 168.)

164. On met entre deux virgules les mots qui sont au vocatif ou en apostrophe :

Il faut, *mon ami,* que je vous remercie.

Ainsi que les mots explicatifs qui pourraient être retranchés de la phrase sans nuire au sens ; dans ce cas, les virgules tiennent lieu de parenthèses :

Dieu, *qui est partout,* voit nos actions.
(On pourrait dire sans nuire au sens : *Dieu voit nos actions.*)
Le vaisseau, *fendant les ondes,* disparut à nos yeux.
(On pourrait dire : *Le vaisseau disparut à nos yeux.*)
Ce jeune homme, *après avoir fini ses études,* alla étudier la médecine à Paris.
(On pourrait dire : *Ce jeune homme alla étudier la médecine à Paris.*)

165. On emploie la virgule pour tenir la place d'un verbe sous-entendu :

L'un est bon ; l'autre, mauvais (c.-à-d. l'autre *est* mauvais).

166. On se sert de la virgule avant un verbe séparé de son sujet :

L'homme dont je vous ai parlé hier au soir, *est arrivé.*

167. On met une virgule avant une proposition qui commence par une des conjonctions *si, quand, lorsque, quoique,* etc :

Vous viendrez me voir à la campagne, *quand vous en aurez le temps.*

Du Point-virgule.

168. On emploie le point-virgule pour séparer les propositions qui ont une certaine étendue :

Il avait plus de connaissances que les enfants de son âge ; il parlait assez bien plusieurs langues ; il cultivait avec succès la musique et le dessin ; mais un amour-propre excessif ternissait ses talents.

Nota. Quand les propositions ont peu d'étendue, on les sépare par des virgules. (Voyez le n°. 163.)

169. On sépare par un point-virgule les phrases dont les membres sont déjà séparés par une virgule :

Chez les étrangers, cet enfant est doux, honnête, prévenant ; chez lui, il est vif, emporté, peu docile.

Des deux points.

170. On emploie les deux points quand on rapporte les paroles de quelqu'un, ou quand on fait une citation : ·

Virgile a dit : un travail assidu et opiniâtre surmonte toutes les difficultés.

Voici ce qu'on lit dans un journal : la foudre est tombée hier sur le clocher de la cathédrale , et a endommagé la voûte de ce bel édifice.

171. On emploie les deux points après une proposition qui annonce des détails ou une énumération :

Tout me plaît chez cette personne : paroles, regards, gestes.
Voici trois choses qui vous manquent : attention , bonne volonté , et patience.

Nota. Dans ce cas, les deux points tiennent lieu des mots *savoir, c'est-à-dire.*

172. On emploie les deux points devant une proposition qui sert de développement, d'explication à ce qui précède : ·

Il faut être indulgent pour les autres : nous avons souvent besoin qu'on le soit pour nous.
Travaillez avec constance : c'est le seul moyen de réussir.

Nota. Dans ce cas, les deux points tiennent lieu des mots *parce que , car.*

Du Point.

173. On emploie le point à la fin d'une phrase dont le sens est entièrement achevé :

La santé est le premier des biens.

L'emploi du point dans cet exemple n'est pas douteux, puisque après le mot *biens* il n'y a plus rien ; mais, dans le passage suivant où plusieurs phrases se suivent, et se rapportent les uns aux autres , pourquoi emploie-t-on le point ?

Le Nil est un grand fleuve d'Egypte. L'Egypte est en Afrique. L'Afrique est une des cinq parties du monde.

C'est que le sens de chacune de ces phrases est entièrement achevé, et forme un tout complet qui peut s'isoler de ce qui est avant et de ce qui est après ; chaque phrase n'ayant avec celle qui précède d'autre rapport que celui qui résulte du sujet même que l'on traite.

174. Quand on écrit un mot en abrégé, on place un point à l'endroit du mot où l'on supprime des lettres :

Masc. fém. sing. plur. indic. prés.
S. M. (Sa majesté.) J.-C. (Jésus-Christ.)

Du point d'interrogation.

175. Le point d'interrogation se place à la fin d'une phrase interrogative : '

Qui êtes-vous? D'où venez-vous?

Du point d'exclamation.

176. Le point d'exclamation se met à la fin des phrases qui expriment une exclamation de surprise, de terreur, de joie, en un mot quelque émotion; et après les interjections :

Ha! vous m'avez fait peur!
Ah! qu'il me tarde de le voir!

Des points de suspension.

177. On emploie les points de suspension, pour indiquer une interruption dans le discours :

Si je ne me retenais, je te.... mais j'ai pitié de toi.

Du trait de séparation ou d'interlocution.

178. On emploie le trait de séparation, comme l'indique ce mot, quand on veut *séparer* d'une manière très-sensible des phrases ou des mots; exemple :

Cette grammaire est divisée en cinq parties : Conjugaison. — Analyse grammaticale. — Analyse logique. — Orthographe. — Orthologie.

179. Le trait de séparation prend le nom de *trait d'interlocution* quand il sert à séparer les paroles de plusieurs personnes qui s'entretiennent ensemble (et qu'on appelle des *interlocuteurs.*) Le trait d'interlocution évite la répétition des mots : *dit-il, dit-elle, répondit-il, répondit-elle,* etc; exemple :

Quand viendrez-vous? — Dans huit jours. — Pourquoi pas plus tôt? — Cela m'est impossible, je serai à la campagne une semaine. — Hé bien! soit, dans huit jours.

De l'alinéa.

180. On doit faire usage de l'alinéa toutes les fois que, par la nature du sujet que l'on traite, on est obligé d'indi-

quer un repos plus considérable que celui qui est indiqu
par le point.

181. Quoique l'alinéa indique ordinairement un repo
plus long que le point, on peut en faire usage pour pré
senter d'une manière plus claire les détails de certain
propositions générales ; exemple :

Il faut d'abord s'attacher à retenir un petit nombre d'époques, telles sont les suivantes :

Adam, ou la création ;
Noé, ou le déluge ;
Romulus, ou la fondation de Rome ;
Octave-Auguste, ou l'empire romain ;
La naissance de J.-C. ;
La chute de l'empire romain ;
Clovis, ou la fondation de la monarchie française.
etc.,   etc.,   etc.

CHAPITRE XIII. — *Des Majuscules.*

182. On doit mettre une majuscule ou capitale,

1°. Au commencement d'une phrase;

2°. Après un point;

3°. Aux noms propres;

4°. Au commencement de chaque vers;

5°. Aux noms de peuples : les *Français,* etc.;

6°. Aux noms de sectes : les *Stoïciens,* etc.;

7°. Aux noms de science, d'art, de métier : la *Grammaire,* la *Peinture,* la *Ménuiserie,* etc.;

8°. Aux mots qui désignent le titre d'un ouvrage, d'une
pièce;

9°. Aux noms des êtres personnifiés : L'*Ignorance* sui
la *Paresse;*

10°. Enfin, aux mots que l'on veut faire remarquer.

5e. Partie : ORTHOLOGIE.

Une expression impropre ou une construction incorrecte, apprête souvent à rire.

Chapitre Ier. — *Du Substantif.*

Du Pluriel de quelques substantifs.

1. Les substantifs terminés au sing. par *al*, forment leur pluriel en changeant *al* en *aux* : Un *cheval*, des *chevaux*, etc.

Excepté les 7 subst. suivants : *Bal, Carnaval, régal, aval, pal, cal*, et *chacal*, qui font au pluriel : Les *bals*, les *carnavals*, les *régals*, les *avals*, les *pals*, les *cals*, et les *chacals*.

2. Les substantifs en *ail* forment leur pluriel en ajoutant une *s* : Un *gouvernail*, des *gouvernails*, etc.

Excepté les 9 subst. suivants : *Bail, corail, émail, soupirail, plumail, vantail, ventail, vitrail*, et *travail*, qui changent *ail* en *aux* : Des *baux*, des *coraux*, des *émaux*, des *soupiraux*, des *plumaux*, des *vantaux*, des *ventaux*, des *vitraux*, et des *travaux*.

3. Cependant ce dernier mot, *travail*, fait *travails* au pluriel dans 2 circonstances : 1°. quand il signifie des piliers de bois pour contenir les chevaux fougueux qu'on veut ferrer ou panser : *Ce maréchal-ferrant a deux* TRAVAILS. — 2°. quand il s'agit des comptes ou rapports présentés à un chef d'administration : *Ce commis a quatre* TRAVAILS *par mois avec le ministre. Le ministre a eu deux* TRAVAILS *cette semaine avec le roi.*

Nota. Depuis quelque temps on dit *des travails*, au plur., pour signifier certaines opérations de cabinet, telles que calculs, recherches, classifications, etc. — *On a déjà présenté deux* TRAVAILS *sur cet objet.*

4. *Ail* fait au plur. : *aulx*.

5. *Bétail* fait au plur. : *bestiaux*.

6. *OEil* fait au plur. : *yeux*.

Excepté dans les expressions suivantes :

Les *œils* du bouillon, du fromage, du pain.
Des *œils* de bœuf (fenêtres rondes ou ovales).
Des *œils-de-chat*, des *œils-de-serpent*, etc. (hist. natur.).

7. *Ciel* fait au plur. : *cieux*.

Excepté dans les expressions suivantes :

Des *ciels*-de-lit.
Des *ciels*-de-tableau.
Des *ciels*-de-carrière.
Les beaux *ciels* de ces contrées.

8. *Aïeul* fait au plur. : *aïeux*, quand il signifie *ancêtres*: *Ces portraits sont ceux de mes* AÏEUX.

Mais on dit *aïeuls* au plur. quand il s'agit du *grand-père paternel* et du *grand-père maternel* : *J'ai encore mes deux* AÏEULS. — *Nota*. On dit par conséquent : Les *bisaïeuls*, les *trisaïeuls*.

DU GENRE DE QUELQUES SUBSTANTIFS.

9. Voici une liste de substantifs sur le genre desquels on se trompe quelquefois. — Un adjectif ou un article ajouté à ces substantifs, servira à en retenir le genre avec plus de facilité ; il faudra les lire souvent pour accoutumer l'oreille au genre qui leur convient.

Substantifs masculins.

Un joli *acrostiche*.
Un *albâtre* très-beau.
Un *alvéole* douloureux.
Cet *amadou* est bon.
Un singulier *amalgame*.
Un bon *amidon*.
Un long *armistice*.
Un petit *astérisque*.
Un *automne* froid.
Un grand *bowl*.
Un bon *cigarre*.
Un *crabe*.
De grands *décombres*.
Un bon *entre-côtes*.
Un *épiderme* épais.
Un joli *évisode*.
Un bel *épithalame*.
Un bel *équinoxe*.
Un *érysipèle* douloureux.

Un *esclandre* fâcheux.
Du *girofle*.
Un *goître*.
Un *horoscope* heureux.
Un grand *incendie*.
Un petit *interstice*.
Un *ivoire* très-blanc.
Un *ixe* (la lettre *x*).
De bons *légumes*.
Un *monticule*.
Un *narcisse*.
Un petit *ongle*.
Un grand *orbe*.
Un petit *orifice*.
Un beau *parafe*.
Des *pleurs* abondants.
Un *renne* vif et léger.
Un *sarigue*.
Le *solde* d'un compte.
etc., etc., etc.

Substantifs féminins.

Une *amnistie* heureuse.
Une jolie *anagramme*.
Une *argile* molle.
Une grosse *artère*.
Une *atmosphère* épaisse.

De la *charpie*.
Une *dinde* grasse.
Une *disparate*.
Une *drachme*.
Une belle *ébène*.

De bonnes *échalottes*.   De la *nacre*.
Des *éphémérides* exactes.   Une belle *offre*.
Une fâcheuse *équivoque*.   Une grande *orbite*.
Une *fibre* molle.   Une belle *oriflamme*.
Une *gaufre*.   Une *paroi* épaisse.
Une *hydre* affreuse.   Une *pétoncle*.
Une belle *image*.   De la *réglisse*.
Une vilaine *impasse*.   Une bonne *rencontre*
Une *jujube*.   De la *sandaraque*.
Une *losange*.   Une *spirale*.
Manger de bonnes *moules*.   Une *vertèbre* (*).
                                               etc., etc.

10. Il y a des substantifs qui sont des deux genres, selon leur signification ; tels sont les suivants :

Aigle est du fémin. dans le sens d'enseigne militaire : L'*aigle* romaine, les *aigles* impériales. — Partout ailleurs il est du masc. : L'*aigle est* courageux.

11. Amour est masc. au sing. : Un fol *amour*. — Et fém. au plur. : *De* folles *amours*. (On dit cependant : Tous *les amours*, ses premiers *amours*, surtout en poésie.)

12. Centime est masc. quand il désigne la 5me. partie d'un sou : *Cela ne vaut pas* un centime. — *Centime* est du fém. quand il signifie cinq francs : *Cet ouvrage coûte* une centime.

13. Couple est fém. quand il signifie le nombre deux : une couple *de pigeons ne suffisent pas pour le dîner de six personnes*. — *Couple* est masc. quand il signifie le mâle et la femelle : Un couple *de pigeons suffit pour peupler une volière ;* ou quand il est question d'union, de conformité : *Voilà* un joli couple (en parlant de 2 personnes du même sexe ou non, mais du même âge) ; *voilà* un couple *de vases*, (pour désigner deux vases assortis.)

14. Délice est masc. au sing : *un grand délice*. — Et fém. au plur. : de *grandes délices*. (Cependant pour éviter la rencontre choquante des 2 genres dans la même phrase, on dit : un *de mes plus* grands délices, et non : un *de mes plus* grandes délices.)

15. Enfant est masc. quand il désigne un garçon : *Votre fils est* un bel enfant. — Fém. quand il signifie une fille : *Votre fille est* une belle enfant.

16. Exemple est fém. quand il signifie un modèle d'écri-

(*) Il eût été facile de grossir ces deux listes ; mais on n'a mis ici que les substantifs dont le genre est le plus souvent dénaturé.

ture : *Voilà* UNE BELLE EXEMPLE *d'anglaise.* — Il est masc. partout ailleurs : *Voilà* UN BEL *exemple à suivre.*

17. FOUDRE est fém. quand il est employé au propre, dans le sens de *tonnerre* : LA FOUDRE *est* TOMBÉE. — Il est masc. ou fém. à volonté quand il est accompagné d'un adjectif : *La foudre menaçante* ou *le foudre menaçant.* — Au figuré, il est toujours masculin : LES FOUDRES LANCÉS *par les papes. C'est* UN FOUDRE *d'éloquence.* (On dit aussi au masc. : UN FOUDRE *de vin,* pour signifier un vaste tonneau.)

18. GENS exige au féminin tous les mots correspondants qui précèdent : *Les* VIEILLES *gens.* — Et au masculin tous ceux qui suivent : *Les gens* VIEUX. — Cependant il y a une exception en faveur du mot *tout :* 1°. quand *tout* est le seul adj. qui précède le mot gens : TOUS *les gens de bien;* 2°. quand *tous* est suivi d'un adj. qui a la même terminaison pour les deux genres : TOUS *les* HONNÊTES *gens.*

19. HYMNE est fém. quand il désigne les hymnes qu'on chante à l'église : *Les* BELLES HYMNES *du bréviaire de Paris.* — Partout ailleurs, *hymne* est du masculin : *Un bel hymne* GUERRIER.

20. OEUVRE est généralement du fém. : UNE BONNE OEUVRE, *les* OEUVRES COMPLÈTES *de Voltaire.* — OEuvre n'est du masc. que lorsqu'il signifie une *partie* des ouvrages d'un musicien : LE PREMIER, LE SECOND OEUVRE *de Herz;* ou le recueil de *toutes* les gravures d'un même graveur : *J'ai* TOUT L'OEUVRE *de Callot;* ou enfin la pierre philosophale : *Travailler* AU GRAND OEUVRE.

21. ORGUE est masc. au sing. *Un bel orgue.* — Et fém. au plur : *de belles orgues.* (*Nota.* Cependant ne dites pas : CET ORGUE *est* UN *des plus* BELLES *que je connaisse,* parce que l'oreille est blessée d'entendre les deux genres dans la même phrase. *Dites :* CES ORGUES *sont des plus* BELLES *que je connaisse.* — Il faut remarquer que le mot *orgues* peut s'employer au pluriel pour ne signifier qu'un seul instrument.)

22. PAQUE est masc. quand il signifie la fête des chrétiens : PAQUE (ou PAQUES) *est* TARDIF *cette année.* — *Pâques* est fém. : 1°. quand il signifie la fête des juifs : LA PAQUE *de notre Seigneur;* et 2°. au plur. : *faire de* BONNES PAQUES (c'est-à-dire une bonne communion.)

23. PÉRIODE est essentiellement féminin : *La lune fait* SA PÉRIODE *en vingt-neuf jours et demi.* LA PÉRIODE *d'une fièvre, d'une maladie.* UNE PÉRIODE *à trois membres* (littér.). — *Période* est masculin quand on ne considère qu'*un seul*

point de la période : *Sa maladie est* AU DERNIER PÉRIODE. LE DERNIER PÉRIODE *de la vie. Racine a porté* AU *plus* HAUT PÉRIODE *l'harmonie de la langue française* (c'est-à-dire au plus haut point).

CHAPITRE II. — *De l'Article* (*).

Emploi de DU, DES, DE LA.

24. On emploie *du, des, de la,* devant un subst. pris dans un sens partitif, c'est-à-dire pour désigner une *partie* de ce dont on parle :

Donnez-moi *du* papier, *des* plumes, et *de la* cire à cacheter.

25. — Ire. *exception.* Quand le subst. pris dans un sens partitif est précédé d'un adj. qualificatif, on emploie simplement *de* (en supprimant l'article) :

Donnez-moi DE *bon* papier, DE *bonnes* plumes, et DE *bonne* cire à cacheter.

26. Cependant si l'adj. ne fait qu'une seule expression avec le subst., on rétablit *du, des, de la :*

Ce sont DES *petits-maîtres.*

27. — 2me. *exception.* Quand le subst. est sous la dépendance d'un collectif ou d'un adv. de quantité, on emploie simplement *de :*

Un grand *nombre* DE personnes. *Beaucoup* DE livres.

28. Cependant si le subst. est déterminé par ce qui vient après, on rétablit *du, des, de la :*

Un grand *nombre* DES personnes *que j'ai vues,* ont été arrêtées.

Beaucoup DES livres *que je vous ai donnés,* sont rares.

Nota. On dit aussi : La *plupart* DES personnes, *bien* DES livres.

(*) Il ne sera pas question ici des règles sur la *contraction* de l'article, parce que personne ne dira : *je vais* A LE *jardin,* au lieu de : *je vais* AU *jardin.* — Ni sur l'*emploi* de l'article devant un subst. déterminé : LE *livre de mon frère,* et non : *livre de mon frère,* — ni sur la *suppression* de l'article devant un subst. non déterminé : *Un jeune homme sans capacité,* et non : *sans* LA *capacité,* etc., etc. — En effet il serait inutile de grossir une grammaire de règles que personne ne violerait.

---

29. — 3e. *exception* Quand le subst. est le régime ou complément d'un verbe actif accompagné d'une négation, on emploie simplement *de :*

Je *ne* vous ferai *pas* DE reproches.

30. Cependant si le subst. est suivi d'un adj. qualific. ou d'un pron. relatif, on rétablit *du , des, de la :*

Je *ne* vous ferai *pas* DES reproches *inutiles.*
Je *ne* vous ferai *pas* DES reproches *que vous n'écouteriez pas.*

RÉPÉTITION DE L'ARTICLE.

31. On répète l'article et les adj. déterminatifs devant chaque substantif :

Les frères et *les* sœurs (et non : les frères et sœurs.)
Mon père et *ma* mère (et non : mes père et mère.)

32. Quand plusieurs adjectifs sont unis par la conjonct. *et ,* on répète l'article si les adj. ne qualifient pas le même substantif :

LE *vieux* et LE *jeune* soldat (c'est-à-dire le vieux soldat et le jeune soldat.)
MON *grand* et MON *petit salon* (c'est-à-dire mon grand salon et mon petit salon).

Mais on ne répète pas l'article si les adj. qualifient le même substantif :

LE *vieux* et *brave* soldat.
MON *grand* et *beau* salon.

SUPPRESSION DE L'ARTICLE.

33. La suppression de l'article change quelquefois le sens de la phrase.

Tous deux signifie ensemble : *Ils entrèrent* TOUS DEUX *en se donnant la main.*

Tous les deux signifie chacun de son côté : *Ils vinrent* TOUS LES DEUX *à-peu-près à la même heure.*

34. *Entendre raillerie* signifie supporter la raillerie; ne pas s'en fâcher : *C'est un bon enfant , il* ENTEND *très-bien* RAILLERIE.

Entendre la raillerie signifie savoir railler avoir le talent de railler : *C'est un homme plein d'esprit, il* ENTEND *très-bien* LA RAILLERIE.

35. *Être à la campagne* signifie être dans une maison de campagne, ou être en promenade dans la campagne : *Il est* A LA CAMPAGNE *depuis la belle saison. Allons nous promener* A LA CAMPAGNE.

Etre en campagne signifie être en mouvement hors de chez soi pour affaires : *Il s'est mis* EN CAMPAGNE *pour cette affaire*.

VARIABILITÉ DE L'ARTICLE.

36. *Le plus, le mieux, le moins* joints à un adj. qual. ou à un part. passé conjugué avec l'aux. *être*, peuvent exprimer une comparaison ou un superlatif.

Quand *le plus, le mieux, le moins*, expriment une comparaison, l'article doit varier : *De toutes ces dames, votre sœur étant* LA PLUS MALHEUREUSE, *était* LA PLUS AFFLIGÉE.

Quand *le plus, le mieux, le moins* expriment un superlatif, l'article doit rester invariable : *Votre sœur ne pleure pas, lors même qu'elle est* LE PLUS MALHEUREUSE, LE PLUS AFFLIGÉE.

37. *Le plus, le mieux, le moins* joints à un verbe ou à un adverbe, sont toujours invariables, qu'il y ait comparaison ou superlatif : *De toutes ces dames, votre sœur est celle qui chante* LE MIEUX *et* LE PLUS AGRÉABLEMENT.

CHAPITRE III. — *De l'Adj. qualificatif* (*).

38. Quand un adjectif se rapporte à plusieurs substantifs de différents genres, l'oreille exige qu'on énonce le subst. masculin le dernier, si l'adjectif a une terminaison différente pour chaque genre ; ainsi ne dites pas : *Je trouve en elle un charme et une beauté toujours nouveaux* ; dites : *Une beauté et un charme toujours nouveaux*.

39. Tout adjectif (et participe présent ou passé) doit se rapporter à un mot exprimé dans la phrase ; ainsi ne dites pas : DÉSIREUX *de s'instruire, son unique occupation est de lire les bons auteurs* ; dites : DÉSIREUX *de s'instruire, il n'a pas d'autre occupation que de lire les bons auteurs*.

(*) Ici devraient se trouver les règles de la formation du fém. dans les adj., si je n'avais jugé qu'elles sont parfaitement *inutiles* ; en effet, est-il bien nécessaire que j'emploie 2 ou 3 pages (comme dans toutes les grammaires) à enseigner ce qu'on sait déjà, que *blanc* fait au féminin *blanche* ; que *vieux* fait *vieille* ; *long, longue* ; *jaloux, jalouse*, etc., etc. — Quant à la formation du pluriel des adj. en *al*, je demande s'il est possible d'établir des règles à ce sujet, après la lecture du passage suivant, extrait du *Cours de Langue française* de M. Lemare

40. L'adjectif (ainsi que le part. prés. ou passé) doit se rapporter d'une manière non équivoque à son subst. ou pronom. Ainsi ne dites pas : RICHE *et* PUISSANT , *vous lui avez toujours été fidèle,* parce qu'on ne sait si c'est *vous* ou *lui* qui avez été *riche* et *puissant.* Dites : *Quand vous avez été riche et puissant, vous lui avez toujours été fidèle,* ou bien dans un autre sens : *Quand il a été riche et puissant, vous lui avez toujours été fidèle.*

41. Plusieurs adjectifs réunis ne peuvent forcer un substantif sing. à devenir plur.; ainsi ne dites pas : LES HISTOIRES *ancienne* et *moderne;* dites : *L'histoire ancienne* et *l'histoire moderne,* ou : *L'histoire ancienne* et *la moderne.*

42. Certains adjectifs terminés en *able* ne peuvent s'employer qu'en parlant des personnes : *Une veuve inconsolable ;* d'autres en parlant des choses : *Une erreur pardonnable.* Ce serait donc une faute de dire : *Une perte inconsolable, une personne pardonnable.* Pour corriger ces phrases, il faudrait dire : *Une perte dont on ne peut se consoler; une personne excusable* ou *digne de pardon.*

Nota. Pour reconnaître si ces adj. en *able* se disent des personnes ou des choses, il faut voir si le verbe d'où ils dérivent, a pour régime direct un nom de personne ou

---

(3e. édit., 1835, t. Ier., no. 898). — « Grand tumulte parmi les
» grammairiens sur cette finale, l'Académie elle-même ne peut
» s'y faire entendre.

> » Buffon a dit :   des habitants *brutaux;*
>   des mouvements *machinaux.*
> » Jean-Jacques : des compliments *triviaux;*
>   ceux qui ont été *libéraux.*
> » Regnard :   des liens *conjugaux;*
> » L'Académie :   des offices *vénaux,*
>   des moyens *légaux,* tandis qu'elle rejette tous les mots précédents.

    » M. Chapsal, qui cite et adopte les exemples ci-dessus,
» se glisse dans la mêlée, et augmente le désordre, il veut
» qu'on dise : les sons *nasals,* les soins *filials,* les chevaux
» *fatals.* Letellier accourt, s'escrime à droite et à gauche;
» s'attaque aux habitants *brutaux* de Buffon; arrête ses mou-
» vements *machinaux;* rit des compléments *triviaux* de Jean-
» Jacques; foule aux pieds les liens *conjugaux* de Regnard;
» étouffe les sons *nasals* de M. Chapsal; et sans respect pour
» l'autorité (l'Académie) qui tient notre langue en tutelle,
» proscrit ses offices *vénaux.*

    » Quel parti prendre dans une aussi grande affaire? — Celui
» de l'*analogie,* ou *s'abstenir,* lorsqu'on craint par trop de
» choquer l'oreille par un son tout-à-fait inusité. »

un nom de chose. *Inconsolable* vient du verbe *consoler*, et comme on dit *consoler une personne*, on peut dire qu'*une personne est consolable* (ou *inconsolable*); mais comme on ne dit pas : *Pardonner une personne*, il s'ensuit qu'on ne peut pas dire non plus qu'*une personne est pardonnable*.

43. L'adjectif s'accorde avec le subst. *air* dans les phrases analogues à la suivante : *Cette femme a l'air content*, parce que la femme pourrait avoir *l'air content*, et *n'être pas contente*.

Cependant quand il s'agit de choses, il est mieux de ne pas se servir de l'expression *avoir l'air*. Ainsi, au lieu de dire : *Cette pomme a* L'AIR CUIT, dites : *Cette pomme a l'air* D'ÊTRE CUITE, ou : *Cette pomme* PARAÎT CUITE.

44. Ne confondez pas *près de* avec *prêt à*. *Près de* signifie *sur le point de* : *Cet homme est bien malade, il est* PRÈS *de mourir.* — *Prêt à* signifie *préparé à, disposé à* : *Cet homme est résigné, il est* PRÊT À *mourir.*

CHAPITRE IV. — *De l'Adjectif déterminatif.*

45. On ne doit pas employer l'adj. possessif, quand l'idée de possession est suffisamment exprimée par le sens total de la phrase; ne dites donc pas : *J'ai mal à* MA *tête, il a* SES *yeux rouges;* dites : *J'ai mal à* LA *tête, il a* LES *yeux rouges.*

Cependant lorsqu'on veut désigner un mal habituel, on emploie l'adj. possessif : MA *migraine m'a repris,* SA *goutte le tourmente.*

46. Pour se servir de *son, sa, ses, leur, leurs,* en parlant de *choses,* il faut que l'objet possesseur et l'objet possédé soient dans la même proposition :

La *campagne a* SES *agréments.*

Ainsi ne dites pas : *J'habite la campagne,* SES AGRÉMENTS *sont sans nombre,* parce que l'objet possesseur *campagne,* n'est pas dans la même proposition que l'objet possédé *agréments;* dans ce cas, il faut remplacer l'adj. possessif par l'article, et mettre le pron. *en* devant le verbe : *J'habite la campagne,* LES *agréments* EN *sont sans nombre.*

Exception. Quoique le mot possesseur et le mot possédé ne soient pas dans la même proposition, on peut employer *son, sa, ses, leur, leurs,* lorsque l'objet possédé est régime d'une préposition :

Je vais à la campagne, je jouirai DE *ses agréments.*

47. L'adj. *chaque* doit toujours être suivi d'un substantif; ainsi ne dites pas : *Ces volumes coûtent cinq francs* CHAQUE; dites : *Ces volumes coûtent cinq francs* CHACUN.

48. L'adj. *deuxième* réveille nécessairemeut l'idée de *troisième, quatrième,* etc.; ainsi ne dites pas : *Le* DEUXIÈME *volume,* en parlant d'un ouvrage qui n'a que deux volumes; dites ; *Le* SECOND *volume.*

Nota. On peut employer le mot *second* pour *deuxième;* ainsi, au lieu de dire : Le *deuxième* et le *troisième,* on peut dire : Le *second* et le *troisième.*

49. L'adj. *tel* ne doit pas s'employer pour *quel* ou *quelque.* Ne dites pas : TEL *qu'il soit;* dites : QUEL *qu'il soit.* — Ni : TEL *puissant qu'il soit;* dites : QUELQUE *puissant qu'il soit.*

50. L'adj. *quel* ne doit pas non plus s'employer pour *quelque;* ainsi ne dites pas : QUEL *temps qu'il fasse;* dites: QUELQUE *temps qu'il fasse.*

CHAPITRE V. — *Du Pronom en général.*

51. Les pronoms s'accordent en genre et en nombre avec les substantifs dont ils tiennent la place; ils sont soumis aux mêmes règles que les adjectifs qualificatifs. (Voyez page 88, les règles 26, 27, 28, 29, et 30;) on dira donc :

Les fruits et les fleurs *auxquels* je donne mes soins (règ. 28).

Il a un courage, une intrépidité à *laquelle* rien ne peut résister (règle 29).

etc.   etc.   etc.

52. Un pronom ne peut pas tenir la place d'un subst. qui n'est pas déterminé (c'est-à-dire qui est employé sans article ou sans adjectif déterminatif). Ainsi ne dites pas : *Il a demandé* GRACE , *et* ELLE *lui a été accordée ;* dites : *Il a demandé* SA GRACE *ou* UNE GRACE , *et* ELLE *lui a été accordée.*

Nota. Cependant il y a des cas où il est impossible de déterminer le subst. (c.-à-d. de le faire précéder d'un article ou d'un adj. déterminatif); alors il faut prendre une autre tournure; ainsi comme on ne peut pas dire : *Quand nous mîmes en* LA MER, ELLE *était paisible,* on dira : *Quand nous nous embarquâmes, la mer était paisible.*

53. Quand on emploie un pronom, il faut que ce pronom se rapporte d'une manière claire à son substantif; ainsi ne dites pas : *Molière a surpassé Plaute dans ce*

qu'il *a fait de plus beau*, parce qu'on ne sait si il se rapporte à *Molière* ou à *Plaute ;* est-ce Molière qui *a fait* ou est-ce Plaute ? — Il faut dire si c'est Molière qui a fait : *Molière, dans ce qu'il a fait de plus beau, a surpassé Plaute ;* et si au contraire c'est Plaute qui a fait, dites : *Molière a surpassé Plaute dans ce que celui-ci a fait de plus beau.*

54. Quand on répète un pronom, il faut que ce pronom se rapporte toujours au même substantif; ainsi ne dites pas : *Charles arriva chez son père ; il lui présenta son ouvrage, et il le trouva si bien fait qu'il fut mis dans l'endroit le plus apparent du salon.* — Cette phrase renferme trois il, le 1er. se rapporte à *Charles,* le 2e. au *père,* et le 3e. à l'*ouvrage.* Pour corriger cette phrase, il faut faire disparaître quelques-uns de ces pronoms, et dire : *Charles arriva chez son père, et lui présenta son ouvrage ; le père le trouva si bien fait qu'il le mit dans l'endroit le plus apparent du salon.*

Chapitre VI. — *Des Pronoms personnels.*

55. Quand un pron. personnel est rég. ou complém. d'un infinitif dépendant d'un verbe qui précède, ce pronom-régime peut se placer avant l'infinitif ou avant le verbe qui précède :

Je viens *vous* chercher;
ou : Je *vous* viens chercher.

Cependant la 1re. manière est plus usitée; les poètes emploient quelquefois la seconde.

56. Quand deux impératifs unis par une des conjonctions *et, ou,* ont chacun un pronom personnel pour rég. direct, le second impératif peut avoir ce pronom-régime placé avant ou après; ainsi on peut dire :

Lisez-*le* sans cesse, et relisez-LE;
ou : Lisez-*le* sans cesse, et LE relisez.

Nota. La 1re. construction est plus usitée, la seconde ne l'est guère qu'en poésie.

57. Quand un impératif sans négation a deux pronoms-régimes, l'un direct et l'autre indirect, on énonce le rég. direct le premier : *Donnez-LE-MOI. Prêtez-LES-NOUS. Conduisez-NOUS-Y. Menez-LES-Y.*

Il faut excepter de cette règle les pronoms *moi, toi, le,*

la, combinés avec le mot *y;* le mot *y* se place le premier quoiqu'il ne soit pas rég. direct; ainsi dites : *Envoyez-y-moi*, *promène-s-y-toi*, *menez-y-le* (et non : *Envoyez-m'y*, *promène-t'y*, *menez-l'y*).

Nota. Cependant il est mieux de prendre une autre tournure, et de dire : *Envoyez-moi là*, ou bien : *Je vous prie de m'y envoyer*, etc., etc.

58. Le pron. *soi* se dit des personnes et des choses :

On a souvent besoin d'un plus petit que *soi*.
L'aimant attire le fer à *soi*.

59. Mais il faut remarquer que *soi* ne se dit des personnes qu'après un pron. indéfini ou après un infinitif :

On ne doit pas toujours parler de *soi*.
Ne *vivre* que pour *soi*, c'est être un égoïste.

Ainsi ne dites pas : *Cet homme parle toujours de* soi, parce que *soi* se rapporterait à un substantif de personne, et non à un pron. indéfini. — Dites : *Cet homme parle toujours de* lui.

60. Cependant pour éviter une équivoque, on se sert de *soi* après un substantif de personne; ainsi on peut dire : *Ce jeune homme a cédé son commerce à son frère, et maintenant il travaille pour* soi *dans la librairie.* (Si l'on disait : *Il travaille pour* lui, on ne saurait si c'est pour son frère qu'il travaille ou si c'est pour lui-même.)

61. Le pronom *soi* ne peut pas tenir la place d'un subst. pluriel; ainsi ne dites pas : *Voilà les maux que les guerres traînent après* soi. (Dites : *Après* elles.)

62. Les pronoms *à lui, à elle, à eux, à elles*, et *leur*, ne peuvent pas tenir la place d'un substantif de choses; on les remplace alors par *y* (qui se décompose par *à lui, à elle*, etc.); ainsi ne dites pas en parlant d'un canif : *Je* lui *ferai ajouter une lame;* dites : *J'y ferai ajouter*, etc.

De lui, d'elle, d'eux, d'elles, ne peuvent pas non plus se dire en parlant de choses; il faut les remplacer par *en* (qui se décompose par *de lui, d'elle*, etc.); ainsi ne dites pas : *Vous connaissez ma faiblesse, et vous abusez* d'elle; dites : *Et vous* en *abusez*.

63. On ne peut dire *c'est lui, c'est elle, ce sont eux, ce sont elles*, qu'en parlant des personnes.

En parlant de choses, on dit : *Ce l'est, ce les sont;* exemples : *Est-ce là votre livre?* — *Oui,* ce l'est (et non pas : *C'est lui*).   *Sont-ce là vos livres?* — *Oui,* ce les sont (et non pas : *Ce sont eux*).

64. Lorsque le pron. *le* tient la place d'un adjectif ou d'un subst. non déterminé, il est *invariable* (c'est un pron. relatif) : *Madame, êtes-vous malade ?* — *Je* LE *suis* (et non pas : *Je* LA *suis*). *Etes-vous mère ?* — *Je* LE *suis* (et non : *Je* LA *suis*).

Lorsque le pron. *le* tient la place d'un substantif ou d'un adj. déterminé, il est variable; il fait *la* au fém., et *les* au pluriel (c'est un pron. pers.) : *Etes-vous la mère de cet enfant ?* — *Oui, je* LA *suis*. *Etes-vous la malade ?* — *Oui, je* LA *suis*.

CHAPITRE VII. — *Des Pronoms démonstratifs.*

65. Les pronoms *celui-ci* et *ceci* se rapportent au substantif le plus proche ; et *celui-là, cela,* au plus éloigné : *Voyez l'âne et le cheval :* CELUI-CI *porte la tête haute,* CELUI-LÀ *la tient toujours baissée.*

66. Les pron. *celui, celle, ceux, celles,* ne peuvent pas être joints immédiatement à un adjectif ou à un participe; ainsi ne dites pas : *Celle aimable, celle écrite ;* dites : *Celle qui est aimable, celle qui est écrite.*

67. Lorsque le pron. *ce* est placé en tête d'une phrase, on doit le répéter dans le second membre de la phrase, quand ce membre commence par le verbe *être :* CE *que je sais le mieux,* C'EST *mon commencement.*

Nota. Cette règle n'est pas toujours observée, car on dit : *Ce que vous voulez faire* EST *une chose impossible* (et non pas : CE *que vous voulez faire,* C'EST *une chose impossible*).

68. Quoique le pron. *ce* ne soit pas au commencement de la phrase, on peut l'employer devant le verbe *être,* quand ce qui précède ce verbe a une certaine étendue : *La chose que je désire le plus,* C'EST *de vivre à la campagne.*

Mais on dirait sans le pron. *ce* : *Le bonheur* EST *de vivre à la campagne,* parce que *le bonheur,* qui précède le verbe *être,* a peu d'étendue.

(Au reste, c'est le goût et l'oreille qui, dans les règles 67 et 68, décident si l'on doit employer le pron. *ce*).

CHAPITRE VIII. — *Des Pronoms relatifs.*

69. Le pron. relatif *qui* prend le genre, le nombre, et la personne de son antécédent, et les communique au verbe,

à l'adj., au participe, et au pronom qui en dépendent;
ainsi ne dites pas : *Ce n'est pas moi qui* SE FERA *prier;*
dites : *Ce n'est pas moi qui* ME FERAI *prier.*

70. L'antécédent du pron. rel. *qui* est toujours un *substantif* ou un *pronom* placé devant, et jamais un adjectif;
ainsi ne dites pas : *Nous étions deux qui* PARLAIENT; dites :
Nous étions deux qui PARLIONS. — (L'antécédent de *qui*
est *nous,* et non pas *deux.*)

71. Dans les phrases analogues à celle-ci : *Je suis celui
qui* PARLERA, le pron. rel. *qui* a pour antécédent le dernier
pron. (*celui*), et non le premier (*je*). — Ne dites donc pas :
Je suis celui qui PARLERAI.

72. Le pron. relatif doit être placé le plus près possible
de son antécédent, pour éviter une équivoque; ainsi ne
dites pas : *J'ai vu une* FEMME *à la fenêtre,* QUI *m'a paru
jolie;* dites : *J'ai vu à la fenêtre une* FEMME, QUI *m'a
paru jolie.*

73. Si la construction de la phrase est telle qu'on ne
puisse pas rapprocher le pron. relatif de son antécédent,
on remplace *qui, que, dont,* par *lequel, laquelle, duquel,
de laquelle;* ainsi au lieu de dire : *J'ai vu le* MARI *de votre
sœur,* QUI *doit obtenir cette place,* dites : *J'ai vu le* MARI
de votre sœur, LEQUEL *doit obtenir cette place.*

Nota. Si les substantifs qui précèdent le pron. rel. sont
du même genre, l'emploi de *lequel* n'empêche pas l'équivoque; ainsi dans cette phrase : *J'ai vu l'oncle de votre
ami,* QUI *doit obtenir cette place,* si l'on disait : *J'ai vu
l'oncle de votre ami,* LEQUEL *doit obtenir cette place,*
l'équivoque n'en existerait pas moins; pour la faire disparaître, il faut dire : *J'ai vu l'oncle de votre ami,* LEQUEL
ONCLE *doit obtenir cette place,* ou dans un autre sens :
J'ai vu l'oncle de votre ami, LEQUEL AMI *doit obtenir
cette place.*

74. *Qui,* régime d'une préposition, ne peut pas se dire
des animaux ni des choses; ainsi ne dites pas : *Le cheval*
SUR QUI *je suis monté;* dites : SUR LEQUEL. — Ni : *Le livre*
A QUI *je donne la préférence;* dites : AUQUEL.

75. Un substantif ne doit pas être représenté deux fois
par les pron. relatifs *que, qui;* ainsi ne dites pas : *Voilà
un désordre* QUE *je prétends* QUI *cesse;* dites : *Voilà un
désordre* QUE *je prétends faire cesser* (en supprimant le
second pronom relatif). — Ne dites pas non plus : *C'est
un procès* QU'*on a cru* QU'*on perdrait;* dites : *C'est un
procès* QU'*on a cru perdre.*

76. De même, quand la phrase commence par *c'est,*

c'était, ce fut, ce sera, etc., suivi d'un rég. indirect, il ne faut pas représenter une seconde fois ce rég. indir. par les pron. relatifs *qui, dont, où,* etc. Ainsi ne dites pas : *C'est* à vous à qui *je veux parler,* parce que le rég. indirect *à vous* serait représenté une seconde fois par *à qui ;* — ni : *C'est* de votre sœur dont *je parle,* parce que le rég. ind. *de votre sœur* serait représenté une seconde fois par *dont ;* — ni enfin : *C'est* à la ville où *je vais,* parce que le rég. ind. *à la ville* serait représenté une seconde fois par *où.* — Pour corriger ces phrases, il faut remplacer *à qui, dont, où,* par la conjonction *que,* et dire : *C'est* à vous que *je veux parler, c'est* de votre sœur que *je parle, c'est* à la ville que *je vais.*

Nota. Ne dites pas non plus : *C'est* ici où *je demeure, c'est* là où *je vais,* parce que les adverbes *ici* et *là* sont représentés une seconde fois par le mot *où.* Pour éviter cette répétition, on remplace *où* par la conj. *que* (comme dans les phrases précédentes) : *C'est* ici que *je demeure, c'est* là que *je vais.*

77. On emploie *d'où* (au lieu de *dont*) pour exprimer une idée de sortie, d'extraction : *La maison* d'où *je sors est à vendre.*

Exception. Quand il s'agit *d'être né,* d'être issu, on emploie *dont* (et non pas *d'où*) : *La maison* dont *je sors est illustre.*

78. N'imitez pas la construction suivante : *Tel* qui *rit vendredi, dimanche pleurera ;* il faut dire : *Tel rit vendredi,* qui *dimanche pleurera.* — C'est une exception à la règle 72, en faveur des phrases qui commencent par *tel.*

79. Il est mieux de dire : *Il a été traité comme il* le *méritait,* que : *Il a été traité comme il méritait,* en sous-entendant le pron. rel. *le.* — Dites par conséquent : *Il est plus instruit qu'il ne* le *paraît,* plutôt que : *Il est plus instruit qu'il ne paraît.*

Chapitre IX. — *Des Pronoms indéfinis.*

80. On emploie *l'on,* au lieu de *on,* pour éviter un hiatus (c'est-à-dire la rencontre de 2 voyelles dans deux mots différents), ce qui arriverait infailliblement après *et, si, où ;* ainsi ne dites pas : Et on *dit,* si on *veut,* ou on *voudra ;* dites : Et l'on *dit,* si l'on *veut,* ou l'on *voudra.*

Cependant, il ne faut pas employer *l'on*, quand le mot suivant commence par une *l;* ne dites pas : *Et l'on le dit, si l'on le laisse,* etc.; dites : *Et on le dit, si on le laisse.*

81. De même, on emploie *que l'on,* au lieu de *qu'on,* pour éviter une cacophonie (c'est-à-dire la rencontre de syllabes désagréables à l'oreille), ce qui arriverait devant des mots commençant par : *Co, ca, qui,* etc.; ainsi ne dites pas : *Je veux* QU'ON *commence,* QU'ON CA*che,* QU'ON QUI*tte,* etc.; dites : *Je veux* QUE L'ON *commence,* QUE L'ON *cache,* QUE L'ON *quitte,* etc.

82. Dans tout autre cas, il faut préférer *on* à *l'on,* parce qu'alors il n'y a pas d'hiatus ni de cacophonie à éviter; ainsi ne dites pas au commencement d'une phrase : L'ON *viendra;* dites : ON *viendra.* Ne dites pas non plus : *Je veux* QUE L'ON *vienne;* dites : *Je veux* QU'ON *vienne.* — (Cependant ce ne serait pas une faute d'employer *que l'on;* c'est une affaire de goût.)

83. *L'un et l'autre* exprime le pluriel : *Ils sont venus* L'UN ET L'AUTRE.

L'un l'autre exprime la réciprocité (indépendamment du pluriel) : *Ils se regardèrent* L'UN L'AUTRE.

84. *Nota.* Quand il y a plus de deux personnes, on met ces pronoms au pluriel : *Ils se réunirent* LES UNS et LES AUTRES *contre l'ennemi commun. Ils se consolaient* LES UNS LES AUTRES.

85. *Chacun* suivi d'un régime direct prend *leur, leurs:* *Ils ont* CHACUN *dans* LEUR *genre le plus grand mérite.*

Hors ce cas, *chacun* prend *son, sa, ses* : *Ils ont le plus grand mérite,* CHACUN *dans* SON *genre. Ils réussissent* CHACUN *dans* SON *genre.*

CHAPITRE X. — *Du Verbe.*

DU SUJET.

86. Tout verbe doit avoir un sujet; ainsi ne dites pas : *En quoi votre fils réussit parfaitement,* EST *le dessin;* dites : CE *en quoi votre fils réussit parfaitement,* EST *le dessin;* ou bien : LA CHOSE *dans laquelle votre fils réussit parfaitement,* EST *le dessin.*

Nota. L'infinitif est le seul mode qui n'ait pas de sujet. — L'impératif a son sujet toujours sous-entendu. (Voyez l'*Analyse gramm.*, page 62, n°. 93.)

87. Tout sujet doit avoir un verbe; ainsi ne dites pas :

Faites-moi voir vos ouvrages, QUI, *s'ils sont bien faits, nous les exposerons;* dites : *Faites-moi voir vos ouvrages; s'ils sont bien faits, nous les exposerons.*

88. Le sujet d'un verbe ne doit pas être exprimé deux fois; ainsi ne dites pas : CE JEUNE HOMME *travaillant toute la journée,* IL *a besoin de se reposer le soir;* dites : CE JEUNE HOMME *travaillant toute la journée, a besoin de se reposer le soir.*

89. Quand plusieurs infinitifs sont sujets d'un verbe, on fait précéder ce verbe du pron. dém. *ce* : *Lire, peindre, faire de la musique,* C'EST *son unique occupation.*

90. *Nota.* Quand il n'y a qu'un seul infinitif pour sujet, on peut à volonté employer ou supprimer le pron. *ce* : *Agir ainsi,* C'EST *être peu raisonnable;* ou bien : *Agir ainsi* EST *être peu raisonnable* : c'est le goût ou l'oreille qui en décide; cependant il est mieux d'employer le pron. *ce,* surtout quand l'infin. est suivi d'un complément : AGIR *ainsi contre l'opinion de tout le monde,* C'EST *être peu raisonnable.*

CHAPITRE XI. — *Du régime des Verbes.*

91. Il faut donner aux verbes les régimes qui leur conviennent. Ainsi ne dites pas : *Ne vous inquiétez pas ce que je ferai;* dites : *Ne vous inquiétez pas* DE *ce que je ferai.* — Ne dites pas : *Ils se sont nui les uns les autres;* dites : *Ils se sont nui les uns* AUX *autres.* — Ne dites pas : *Je* LES *ai pardonnés;* dites : *Je* LEUR *ai pardonné.* — Ne dites pas : *Je vous embrasse ainsi qu'*A *votre sœur;* dites : *Ainsi* QUE *votre sœur.* — etc., etc.

92. Quand il y a dans une même phrase deux verbes qui ne veulent pas le même régime, c.-à-d. dont l'un veut un rég. direct et l'autre un rég. indirect, il faut donner à chacun le régime qui lui convient; ainsi ne dites pas : *Il attaqua et s'empara de la ville;* dites : *Il attaqua la ville et s'en empara.*

93. Quand deux verbes exigent des régimes indirects formés par des prépositions différentes, il faut donner à chaque verbe la préposition qui lui convient; ainsi ne dites pas : *Je l'ai vu monter et descendre de voiture;* dites : *Je l'ai vu monter* EN VOITURE *et en descendre.*

94. *Nota.* Cette règle s'applique à deux adjectifs et à deux prépositions qui exigent des régimes différents. Ne

dites pas : *Il est content et attaché à sa profession ;*
dites : *Il est content* DE *sa profession, et* Y *est attaché.*
— Ne dites pas non plus : *Des gardes étaient auprès et
dans le palais ;* dites : *Des gardes étaient* AUPRÈS DU *palais
et* DEDANS.

95. Les régimes (directs ou indirects) liés par une des
conjonctions *et, ni, ou,* doivent être exprimés par des mots
de même espèce ; c'est-à-dire que les conjonctions *et, ni,
ou,* doivent unir un subst. à un subst., un infinitif à un
infinitif, une proposition à une proposition ; ainsi ne dites
pas : *Il aime* LE JEU *et* A ÉTUDIER ; dites : *Il aime* LE JEU *et*
L'ÉTUDE ; ou bien : *Il aime* A JOUER *et* A ÉTUDIER. — Ne dites
pas non plus : *Je crois* VOTRE OUVRAGE *excellent et* QUE
VOUS REMPORTEREZ LE PRIX, dites : *Je crois* QUE VOTRE OUVRAGE
EST EXCELLENT, *et* QUE VOUS REMPORTEREZ LE PRIX.

96. Les verbes passifs ont leurs rég. indirects formés par
la prép. *de* et *par.* On emploie *de* quand le verbe passif
exprime un sentiment, une passion : *Il est aimé* DE *ses
parents.* — On emploie *par* quand le verbe passif exprime
une action du corps ou de l'esprit : *Il a été battu* PAR *son
maître, cet ouvrage a été composé* PAR *mon frère.*

Exception. Cependant afin d'éviter plusieurs *de,* on
emploie *par,* même pour exprimer un sentiment ou une
passion ; ainsi au lieu de dire : *Il a été approuvé* D'UNE
commune voix DE *tous ses amis,* dites : *Il a été approuvé*
D'*une commune voix* PAR *tous ses amis ;* — (si l'on sup-
primait *d'une commune voix,* il faudrait rétablir la
prép. DE : *Il a été approuvé* DE *tous ses amis.*)

97. Le régime direct se place avant le rég. indirect quand
ils sont tous les deux d'égale longueur : *Je donnerai* CE
LIVRE *à ma sœur.*

98. Quand les régimes ne sont pas d'égale longueur, le
plus court se place le premier :

Je donnerai *ce livre* à ma sœur qui habite la campagne.
Je donnerai *à ma sœur* ce livre que j'ai reçu de Paris.

99. Les régimes indirects doivent se placer de manière à
éviter toute équivoque ; ainsi ne dites pas : *Je veux ramener
ces esprits égarés* PAR LA DOUCEUR, dites : *Je veux ramener*
PAR LA DOUCEUR *ces esprits égarés.*

Chap. XII. — *Des Auxiliaires pour les verb. neutres.*

100. Les 600 verbes neutres de la langue française peuvent se partager en 4 classes :

1°. Verbes neutres prenant toujours l'auxil. *avoir* aux temps composés, (c'est le plus grand nombre) : *Il* A *marché, il* A *couru, il* A *dormi, il* A *succombé,* etc., etc.

2°. Verbes neutres prenant toujours l'auxil. *être,* (c'est le plus petit nombre) : *Il* EST *arrivé, il* EST *né, il* EST *mort,* etc., etc.

Les voici tous rangés par ordre alphabétique : *Aller, arriver, choir, décéder, devenir, disconvenir, éclore, mourir, naître, parvenir, provenir, redevenir, retomber, revenir, survenir, tomber, venir.* — (Total : 17.)

3°. Verbes neutres prenant l'auxil. *avoir* quand on veut exprimer une action : *La rivière* A MONTÉ *rapidement ;* et l'auxil. *être* quand on veut exprimer un état : *La rivière* EST *bien* MONTÉE *maintenant.*

4°. Verbes neutres prenant l'auxil. *avoir* dans un sens, et l'auxil. *être* dans un autre sens : *Cette maison* A CONVENU, (c'est-à-dire *a paru convenable.*) *On* EST CONVENU *du prix,* (c'est-à-dire *on est demeuré d'accord pour le prix.*)

Il ne sera question dans ce chapitre que des verbes neutres de la 3me. et de la 4me. classe, l'usage seul pouvant fixer sur ceux de la 1re. et de la 2me.

101. Ainsi les verbes neutres de la 3me. classe prendront l'auxil. *avoir* ou l'auxil. *être,* selon l'idée qu'on voudra exprimer. Si l'esprit se porte principalement sur *l'action,* ce qu'il est facile de voir par les circonstances de lieu, de temps, ou autres qui accompagnent ordinairement les actions, il faudra employer l'auxil. *avoir.* — Si l'esprit, mettant de côté l'action du verbe, ne veut considérer que l'*état* qui suit cette action ou qui en est l'effet, on emploiera l'auxil. *être.*

Conséquemment on dira avec l'auxil. *avoir* : *Elles* ONT *péri l'année dernière. La fièvre* A *cessé pendant quelques heures. Il* A *déchu de jour en jour. Il* A *disparu aussitôt.* etc. — Et avec l'auxil. *être* : *Elles* SONT *péries depuis long-temps. La fièvre* EST *cessée depuis quelques jours. Il* EST *bien déchu maintenant. Il* EST *disparu, on ne sait où il est.* etc.

102. Les verbes neutres de la 4ᵐᵉ. classe, c.-à-d. qui changent d'auxil. en changeant de signification, sont les verbes suivants :

Convenir, signifiant *être convenable*, prend *avoir* : *Cette maison* A *convenu.* — Signifiant *demeurer d'accord*, il prend *être* : *On* EST *convenu du prix.*

Échapper : *Cela m'*A *échappé* signifie *je l'ai oublié;* ou dans un autre sens : *Je ne l'ai pas remarqué.* — *Cela m'*EST *échappé* signifie *je l'ai dit par inadvertance, sans y prendre garde.*

Expirer, signifiant *mourir*, prend *avoir* : *Cet homme* A *expiré.* — Dans toute autre signification, il prend *être* : *Mon bail* EST *expiré.*

Passer : *Ce mot* A *passé* signifie *ce mot a été reçu, il a été introduit dans la langue.* — *Ce mot* EST *passé* signifie *ce mot est vieux, il n'est plus en usage.*

103. L'auxil. *être* peut se sous-entendre : *Un bail expiré* (c.-à-d. *qui* EST *expiré*).

L'auxil. *avoir* ne doit jamais être sous-entendu; ainsi ne dites pas : *Voilà un homme expiré;* dites : *Voilà un homme* QUI A *expiré.*

Chapitre XIII. — *De l'emploi des temps de l'Indicatif et du Conditionnel.*

104. Le *Présent* s'emploie pour le prét. défini ou indéfini, afin de rendre la narration plus vive; mais dans ce cas il faut que tous les verbes qui composent la narration soient au présent : J'ENTRE, *je le* TROUVE *baigné dans son sang* (et non pas : J'ENTRE, *je le* TROUVAI *baigné dans son sang*).

105. L'*Imparfait* ne doit pas s'employer pour le présent; ainsi ne dites pas : *J'ai appris que vous* ÉTIEZ *malade;* dites : *J'ai appris que vous* ÊTES *malade,* parce que la chose a lieu au moment où l'on parle. — Ne dites pas non plus : *Je vous ai dit que la santé* ÉTAIT *préférable à la fortune;* dites : *Je vous ai dit que la santé* EST *préférable à la fortune,* parce qu'il s'agit d'une chose vraie dans tous les temps.

106. On emploie indifféremment le *prét. défini* et le *prét. indéfini* pour exprimer un temps absolument passé; ainsi on peut également dire :

J'ai reçu une lettre } l'année dernière, le mois passé,
ou : *Je reçus* une lettre } la semaine dernière, hier.

107. Mais on ne peut pas se servir du *prét. défini* pour désigner un temps dont il reste encore quelque partie à écouler; ainsi ne dites pas : Je reçus *une lettre cette année, ce mois-ci, cette semaine, aujourd'hui;* dites : J'ai reçu *une lettre cette année, ce mois-ci,* etc., etc.

108. Le *Plusque-parfait* ne doit pas s'employer pour le prét. indéfini; ainsi ne dites pas : *On m'a dit que vous* aviez acheté *une maison;* dites : *On m'a dit que vous* avez acheté *une maison.*

Nota. Pour employer le plusque-parfait dans cette phrase, il faudrait que l'action d'*acheter* eût été faite avant une autre : *On m'a dit que vous* aviez *déjà* acheté *une maison, quand vous avez hérité de votre oncle.*

109. Le *Conditionnel présent* ne doit pas s'employer pour le futur de l'indic.; ainsi ne dites pas : *On nous a assuré que vous* viendriez *avec nous;* dites : *On nous a assuré que vous* viendrez *avec nous.*

Nota. Pour employer le conditionnel dans cette phrase, il faudrait que l'action de *venir* dépendît d'une condition : *On nous a assuré que vous* viendriez *avec nous, si votre père vous le permettait.*

110. Le *Conditionnel passé* ne doit pas s'employer pour le conditionnel présent; ainsi ne dites pas : *J'aurais parié que vous* seriez venu; dites : *Que vous viendriez.*

Nota. Pour employer le conditionnel passé dans cette phrase, il faudrait que l'action de *venir* eût été faite avant une autre : *J'aurais parié que vous* seriez *déjà* venu, *quand nous arriverions.*

Chapitre XIV. — *Du Mode subjonctif.*

111. On emploie le mode *subjonctif* après un verbe qui exprime un commandement, un desir, un doute, une crainte, une négation, une interrogation, ou l'étonnement :

Il veut	
Il desire	
Il doute	
Il craint	que je *fasse* cette démarche.
Il ne croit pas	
Croit-il	
Il est étonné	

112. *Exception.* Malgré l'interrogation du premier verbe, on emploie le mode *indicatif* (et non le mode sub-

jonctif), lorsque l'interrogation n'exprime pas un doute de
la part de celui qui interroge. — L'interrogation, dans ce
cas, est une tournure de phrase qui donne plus de vivacité
au discours : *Oubliez-vous que je* suis *votre fils ?*

On emploie encore l'indicatif quoique après une interrogation, lorsque le *second verbe* exprime quelque chose de
certain, de positif : *Sait-il que nous* partons *demain ?*

113. On emploie le mode subjonctif après un verbe
unipersonnel : *Il faut que je* fasse *cette démarche.*

114. *Exception.* Cependant on emploie le mode indicatif après les verbes unipersonnels *il y a, il paraît, il
résulte, il est certain, vrai, sûr* (ou tout autre adj. exprimant une idée certaine, positive), et après le verbe *il
semble* accompagné d'un rég. indirect de personne :

Il y a long-temps ⎫
Il paraît   ⎪
Il résulte   ⎬ *que je* sais *cela.*
Il est certain   ⎪
Il est vrai   ⎪
Il me semble   ⎭

115. On emploie le subjonctif après un pron. relatif
(*qui, que, dont, où,* etc.) précédé des mots : *Le seul,
l'unique,* — *peu, guère,* — *personne, nul, aucun, rien,*
— ou d'un *superlatif relatif* :

Ce chapitre est *le seul* que je sache.
Il y a *peu* d'enfants qui sachent cela.
Je ne connais *personne* qui sache cela.
C'est *le plus* habile qu'on puisse citer.

116. On emploie le subjonctif après un pron. relatif
(*qui, que, dont, où,* etc.), quand le verbe qui suit présente
quelque chose d'incertain, de douteux :

Je cherche un instituteur *qui* veuille se charger de mon fils.
Montrez-moi un chemin *qui* conduise à Paris.

Nota. Si le verbe qui suit le pron. relatif ne présente
rien d'incertain, de douteux; si au contraire il exprime
quelque chose de sûr, de positif, on emploie le mode indicatif :

J'ai trouvé un instituteur *qui* veut bien se charger de mon
fils.
Montrez-moi le chemin *qui* conduit à Paris.

117. On emploie le subjonct. après *quelque* ou *quel que,*
— *quoique* ou *quoi que,* — *qui que : Quelque* riche que
vous soyez.... — *Quel que* soit votre mérite.... — *Quoique*

vous soyez mon ami.... — *Quoi que* vous fassiez, vous ne réussirez pas. — *Qui que* vous soyez....

118. On emploie l'indicatif après *tout que* (et non le subjonctif) : *Tout* riche *que* vous êtes.... (et non pas : *Tout* riche *que* vous soyez....).

119. On emploie le subjonctif après certaines conjonctions; telles sont : *Afin que, avant que, de peur que,* et plusieurs autres que l'usage seul peut faire connaître : *J'ai travaillé* afin que *vous* fussiez *content. J'ai travaillé* avant que *vous* vinssiez, etc.

120. Il y a des conjonctions qui gouvernent tantôt le subjonctif, tantôt l'indicatif, selon le sens que présente la phrase; telles sont : *De manière que, de sorte que, si ce n'est que,* etc. — On emploie le subjonctif quand le verbe qui suit la conjonction exprime une idée de doute, de temps futur : *Conduisez-vous* de manière que *nous* soyons *contents de vous.*

On emploie l'indicatif quand le verbe qui suit la conjonction exprime quelque chose de certain, de positif, dans un temps présent ou passé : *Il se conduit* de manière que *nous* sommes *contents de lui. Il s'est conduit* de manière que *nous* avons été *contents de lui.*

Nota. Cette règle a beaucoup d'analogie avec celle du n°. 116. -- Au reste, il n'est guère possible d'énumérer tous les cas où l'on doit employer le mode subjonctif; il en est de cette difficulté comme de beaucoup d'autres ; l'usage doit suppléer au silence ou à l'insuffisance des règles ; et comme le dit très-bien M. Boniface : « Interrogez-vous vous-même ; commencez » par sentir, et votre expression sera presque toujours l'image » fidèle de votre pensée. Voilà la règle sûre, la seule qui soit » fondée sur la nature, et qui ait dirigé nos bons écrivains.... »

Chapitre XV. — *De l'emploi des Temps du subjonctif.*

121. Le *Présent* du subj. s'emploie après le présent et le futur de l'indicatif, quand on veut exprimer un présent ou un futur par rapport au premier verbe :

Je doute
Je douterai } que vous fassiez cela *aujourd'hui, demain.*

Si l'on veut exprimer un passé par rapport au premier verbe, on emploie le *prétérit* du subjonctif :

Je doute
Je douterai } que vous ayez fait cela *hier.*

122. *Exception.* Quoique le premier verbe soit au présent ou au futur de l'indicatif, on met le second à l'*imparfait* du subjonctif (au lieu du présent), et au *plusque-parfait* (au lieu du prétérit), quand il y a dans la phrase une expression conditionnelle :

Je doute } que vous FISSIEZ cela aujourd'hui, demain,
Je douterai } *si l'on ne vous y forçait.*

Je doute } que vous EUSSIEZ FAIT cela hier, *si l'on ne*
Je douterai } *vous y eût pas forcé.*

123. L'*imparfait* du subjonctif s'emploie après l'imparf. de l'indic., les prétérits, le plusque-parfait, et les conditionnels, quand on veut exprimer un présent ou un futur par rapport au premier verbe :

Je doutais
Je doutai
J'ai douté
J'avais douté } que vous FISSIEZ cela *aujourd'hui, demain.*
Je douterais
J'aurais douté

Si l'on veut exprimer un passé par rapport au premier verbe, on emploie le *plusque-parfait* du subjonctif :

Je doutais
Je doutai
J'ai douté
J'avais douté } que vous EUSSIEZ FAIT cela *hier.*
Je douterais
J'aurais douté

124. *Exception.* Quoique le premier verbe soit à l'imparf. de l'indic., à l'un des prétérits, au plusq.-parf., ou aux conditionnels, on met le second au *présent* du subj., quand le verbe au subjonctif exprime une chose qui existe au moment même où l'on parle : *Il n'A rien* DONNÉ, *quoiqu'il* SOIT *riche.* — Ou quand le verbe au subjonctif exprime une chose qui est vraie dans tous les temps : *Dieu nous A* DONNÉ *plusieurs facultés pour que nous en* FASSIONS *usage.*

CHAPITRE XVI. — *Du Mode infinitif.*

125. L'infinitif employé comme régime indirect doit se rapporter à un mot exprimé dans la phrase, et ce mot doit être le sujet même de la phrase; sans cela, le sens serait louche ou équivoque. Ainsi ne dites pas : *Qu'ai-je fait*

pour VENIR *troubler mon repos ?* (parce que l'infinit. *venir*
ne se rapporte à aucun mot exprimé dans la phrase : on
ne sait pas qui *vient*); dites : *Qu'ai-je fait pour* QUE VOUS
VENIEZ *troubler mon repos ?* — Ne dites pas non plus : *Je
vous ai instruit pour* ÊTRE *utile à vos parents* (parce que
l'infinit. *être* se rapporte à *vous*, qui n'est pas le sujet de
la phrase, et qu'à la rigueur le sens pourrait être celui-ci :
*Je vous ai instruit pour être moi-même utile à vos
parents*); dites donc : *Je vous ai instruit pour* QUE VOUS
SOYEZ *utile à vos parents*.

Nota. Cependant si la phrase offre un sens suffisamment
clair, l'infinitif peut être employé, quoiqu'il ne se rapporte
à aucun mot exprimé dans la phrase : *Le temps est trop
précieux pour le* PERDRE. — Ou quoiqu'il se rapporte à un
autre mot que le sujet : *Le père leur a permis de* SORTIR,
(*sortir* se rapporte à *leur*).

126. Il vaut mieux employer l'infinitif que tout autre
temps qui rendrait l'expression lente et peu gracieuse; ainsi
ne dites pas : *Avez-vous peur que vous ne tombiez ?* dites :
Avez-vous peur de TOMBER? — Ne dites pas non plus : *Je
crois que j'ai fait ce que je devais*; dites : *Je crois* AVOIR
FAIT *ce que je devais*.

127. Il est au contraire d'autres circonstances où l'infinitif
doit être remplacé par un autre temps; c'est lorsqu'il s'agit
d'éviter la répétition de la prép. *de*; ainsi ne dites pas :
Il me chargea DE *leur dire* DE *sa part* DE *songer de bonne
heure à se procurer ce qu'il fallait*; dites : *Il me chargea
de leur dire de sa part* QU'ILS SONGEASSENT *de bonne heure
à se procurer ce qu'il fallait*.

128. L'infinitif doit encore être remplacé par un autre
temps lorsqu'il y a 3 infinitifs qui se suivent, et à plus forte
raison quand il y en a 4; ainsi ne dites pas : *Il ne faut pas*
CROIRE POUVOIR *le* FAIRE SORTIR; dites : *Il ne faut pas croire*
QU'ON PUISSE *le faire sortir*.

129. L'infinitif peut être régime d'un autre verbe, 1°. sans
préposition; 2°. ou précédé de la prép. *à*; 3°. ou précédé
de la prép. *de*; 4°. ou précédé de la prép. *à* ou *de* indifféremment. Voici un exemple sur chacun de ces cas :

Je compte *venir*.
J'aime *à venir*.
Je crains *de venir*.
Je le forcerai *à venir* ou *de venir*.

C'est le verbe placé avant l'infinitif, qui exige telle ou
telle préposition, ou qui la rejette.

Les grammairiens donnent ordinairement des listes de ces

4 sortes de verbes, et quoique ces listes soient en général fort incomplètes, quelle mémoire pourrait se flatter de retenir tous les verbes qu'elles contiennent? La Grammaire de Girault-Duvivier y consacre 15 pages à 2 colonnes, format in-8°., avec 67 notes!..... Il faut donc laisser à l'usage et surtout à la lecture des bons auteurs le soin de les apprendre. D'ailleurs un dictionnaire un peu étendu lèvera tous les doutes à cet égard.

CHAPITRE XVII. — *Observations sur quelques Verbes.*

130. *Aider quelqu'un*, c'est l'assister : AIDEZ CETTE PERSONNE *de votre bourse*, AIDEZ-LA *de vos conseils, de votre crédit.* — *Aider à quelqu'un*, c'est l'assister en partageant ses efforts, sa fatigue, son embarras : AIDEZ A CET HOMME *à porter ce fardeau*, AIDEZ-LUI *à se relever.*

131. *Agir.* — Ne dites pas : *Il* A *s'agi de faire cela ;* dites : *Il* S'EST *agi de faire cela.*

132. *Aller.* — Ne dites pas : *Je* FUS *le voir ;* dites : J'ALLAI *le voir.*

IL A ÉTÉ *le voir* signifie qu'il est de retour, IL EST ALLÉ *le voir* signifie qu'il y est encore.

Ne dites pas : *Je me suis* EN *allé ;* dites : *Je m'*EN *suis allé.*

133. *Atteindre à quelque chose* suppose des difficultés à vaincre, des efforts à faire : ATTEINDRE A *la perfection*, ATTEINDRE AU *but.* — *Atteindre quelque chose* ne suppose pas de difficulté : ATTEINDRE *l'âge de raison.*

134. *Changer.* — Ne dites pas : *Vous êtes tout trempé,* CHANGEZ-VOUS, *allez* VOUS CHANGER ; dites : *Changez de vêtements, allez changer de linge.*

135. *Eclairer.* — Ne dites pas : *Eclairez à monsieur,* (pour signifier lui faire voir clair sur son passage à l'aide d'une lumière); dites : *Eclairez monsieur* (*).

136. *Emprunter à* se dit pour les personnes : *J'ai* EMPRUNTÉ *ce cheval* A MON AMI. — *Emprunter de* se dit pour les choses : *La lune* EMPRUNTE *sa lumière* DU SOLEIL.

Nota. On dit quelquefois *emprunter de* en parlant des personnes : *Nous avons* EMPRUNTÉ *cet usage* DES ANGLAIS.

137. *Envier.* — On *envie* les choses, et l'on *porte envie* aux personnes : J'ENVIE *son sort. Je ne* PORTE ENVIE *à personne.*

138. *Espérer, promettre.* — Ces 2 verbes présentant à

(*) Voyez à ce sujet le *Dict. de Laveaux*, au mot *éclairer.*

l'esprit l'idée d'un temps futur, ne doivent pas être suivis d'un verbe à un temps passé ou présent; ainsi ne dites pas : *J'espère que vous* AVEZ FAIT *tous vos devoirs;* dites : *Je* PENSE *que vous avez fait tous vos devoirs;* ni : *Je vous* PROMETS *que je m'amuse bien;* dites : *Je vous* ASSURE *que je m'amuse bien.*

139. *Éviter.* — Ne dites pas : *Je veux* VOUS ÉVITER *cette peine;* dites : *Je veux* VOUS ÉPARGNER *cette peine.* Ne dites pas non plus : *Je voudrais* M'ÉVITER *des reproches;* dites : *Je voudrais* M'ÉPARGNER *des reproches.*

140. *Fixer.* — Ne dites pas dans le sens de *regarder : J'ai* FIXÉ *cette personne ;* dites : *J'ai* REGARDÉ FIXEMENT *cette personne.*

141. *Fleurir.* — Au figuré, ce verbe fait *florissait* à l'imparf. de l'indic., et *florissant* au part. présent : *Les arts* FLORISSAIENT *à cette époque. Un pays* FLORISSANT *par l'industrie et le commerce.*

142. *Imaginer* signifie créer, inventer : IL A IMAGINÉ *tout ce que vous voyez là.* — *S'imaginer* signifie croire, se persuader : IL S'IMAGINE *que tout le monde l'admire.*

143. *Imiter.* — Ne dites pas : IL IMITE *l'exemple de ses parents;* dites : IL SUIT *l'exemple de ses parents.* — Mais on dit : *Imiter une exemple d'écriture.*

144. *Imposer.* — *En imposer* se prend en mauvaise part, et signifie tromper : *Ne le croyez pas, il* EN IMPOSE. — *Imposer* signifie inspirer du respect, de la crainte : *C'est un homme dont la présence* IMPOSE.

145. *Observer.* — Ne dites pas : *Je* VOUS OBSERVE *que la question est mal posée;* dites : *Je vous* FAIS OBSERVER *que la question est mal posée.* — Cependant on peut très-bien dire : *Un membre* OBSERVA QUE *la question était mal posée,* parce que le verbe *observer* n'a pas de rég. indirect.

146. *Plaire.* — *Ce qui plaît* signifie ce qui est agréable : *Il ne lit que* CE QUI *lui* PLAÎT. — *Ce qu'il plaît* signifie ce que l'on veut : *Il ne fait que* CE QU'IL *lui* PLAÎT.

147. *Plier* signifie mettre en un ou plusieurs doubles, et avec quelque arrangement : PLIER *du papier,* PLIER *du linge,* PLIER *sa serviette.* — *Ployer* signifie faire fléchir, courber : PLOYER *une branche d'arbre.*

Au figuré, on emploie indifféremment *plier* et *ployer : Ce jeune homme ne veut pas* PLIER; ou : *Ce jeune homme ne veut pas* PLOYER.

148. *Promener.* — Ne dites pas : *Je vais promener;* dites : *Je vais* ME PROMENER.

149. *Rappeler.* — Ne dites pas : *Je me rappelle* DE

CELA; ni : *Je m'en rappelle;* dites : *Je me rappelle* CELA, *je me* LE *rappelle.* — Cependant avec un infinitif on peut employer la prép. *de : Je me rappelle* D'*avoir dit cela.*

150. *Renommé par* se dit quand la cause du renom est constante, et ne dépend ni de la vogue ni du caprice : *Bagnères et Baréges sont des lieux* RENOMMÉS PAR *leurs eaux minérales.* — *Renommé pour* se dit quand le renom ne tient qu'à quelques considérations particulières de goût et de fantaisie : *Verdun est* RENOMMÉ POUR *les bonbons, et Reims* POUR *le pain d'épices.*

151. *Retrancher de* signifie diminuer, ôter quelque chose d'un tout : *On a retranché un passage* DE *ce livre* (et non pas : A *ce livre*). — *Retrancher à* signifie priver de quelque chose, en imposer la privation : *On* A *retranché le vin* A *ce prisonnier.*

152. *Saigner.* — Ne dites pas : *Je saigne* AU *nez;* dites : *Je saigne* DU *nez.*

153. *Servir à rien* signifie une nullité momentanée de service : *Voilà des livres qui ne me* SERVENT A RIEN *pour le moment.* — *Servir de rien* signifie une nullité absolue de service : *Voilà des livres qui ne me* SERVIRONT *jamais* DE RIEN.

154. *Sucrer.* — Ne dites pas : *Vous avez du café,* SUCREZ-VOUS; dites : *Prenez du sucre.*

155. *Suppléer une chose,* c'est ajouter ce qui manque, fournir ce qu'il faut de surplus et de *même nature,* pour que cette chose soit complète : *Il manque dix francs pour compléter la somme, je* LES *suppléerai.* — *Suppléer à une chose* signifie en tenir lieu, en fournir l'équivalent, mais d'une *nature différente : Souvent l'adresse supplée* A *la force.*

On dit cependant *suppléer quelqu'un : Si mon père ne vient pas, je* LE *suppléerai.*

156. *Tomber par terre* se dit de ce qui touche à la terre : *Cet arbre est tombé* PAR TERRE. — *Tomber à terre* se dit de ce qui ne touche pas à la terre : *Les fruits sont tombés* A TERRE.

NOTE ESSENTIELLE.

La CONJUGAISON (1re. Partie de cette Grammaire) contient des règles d'*Orthologie* sur le *Verbe.* — Voyez plus particulièrement les nos. suivants :

Page 27. = No. 89 : Temps primitifs de certains verbes.
Page 33. = No. 104 : Des 33 verbes irréguliers.

Chapitre XVIII. — *De la Préposition.*

157. *C'est à vous* A *jouer* éveille une idée de tour : *Je viens de jouer, c'est à vous* A *jouer.*

C'est à vous DE *jouer* exprime une idée de droit, de devoir : *C'est à vous* DE *jouer le premier.*

158. Ne dites pas : *Il n'y avait que cinq* A *six personnes ;* dites : *Cinq* ou *six personnes.* — Mais on dirait bien : *Il viendra de cinq* A *six heures* (parce que l'heure peut se diviser.

159. Ne dites pas : *J'ai acheté cela bon marché;* dites : A *bon marché.*

160. Ne dites pas : *La clef est* APRÈS *la porte, il y a de la boue* APRÈS *mes bas, mettez les chevaux* APRÈS *la voiture;* dites : *La clef est* A *la porte, il y a de la boue* A *mes bas, mettez les chevaux* A *la voiture.*

161. *Au travers* veut *de* : AU TRAVERS DES *champs.* — *A travers* ne veut pas la prép. *de* : A TRAVERS *les champs.*

162. Ne dites pas : *J'ai déjeûné* AVEC *du café;* ni : *J'ai déjeûné* DE *café;* dites : *J'ai pris du café à mon déjeûner.*

163. On dit également bien : *Lequel fut plus éloquent, Démosthènes ou Cicéron?* ou : *Lequel fut plus éloquent,* DE *Démosthènes ou* DE *Cicéron?* (avec la prép. *de.*)

164. *Durant* exprime une durée continue : *Les troupes se sont cantonnées* DURANT *l'hiver* (c'est-à-dire elles sont restées cantonnées tant que l'hiver a duré). — *Pendant* marque un moment, une époque, à part la durée : *Les troupes se sont cantonnées* PENDANT *l'hiver* (c'est-à-dire elles ont fait choix de l'hiver pour se cantonner; l'esprit dans cet exemple ne se porte pas sur la durée).

165. Ne dites pas : EN *outre* DE *cela;* dites : *Outre cela.*

166. *Près de* exprime une idée de proximité : *Il demeure* PRÈS DE *la Bourse.* — *Auprès de* éveille une idée d'assiduité, de sentiment, de faveur : *Cet enfant n'est heureux qu'*AUPRÈS DE *sa mère. On l'a placé* AUPRÈS DU *ministre.*

167. Ne dites pas : *J'ai lu cela* SUR *un journal;* dites : DANS *un journal.*

168. Ne dites pas : *Il s'est mal conduit* VIS-A-VIS DE *moi;* dites : ENVERS *moi.*

169. *Vis-à-vis, près, hors,* doivent être suivis de la prép. *de* : VIS-A-VIS DE *mes fenêtres,* PRÈS DE *l'église,* HORS DE *la ville.* — Cependant dans la conversation et dans le style familier on peut supprimer la prép. *de* : VIS-A-VIS *mes fenêtres,* PRÈS *l'église,* HORS *la ville.*

170. *Voici* indique ce qui suit : Voici *ce que vous devez faire : copier cette lettre et la porter à la poste.* — *Voilà* indique ce qui précède : *Lire et méditer,* voilà *ce que je vous conseille.*

171. Les prépositions *à, de, en,* se répètent toujours avant chaque régime : *Je vais* à *Rouen,* à *Paris, et* à *Lyon* (et non : *Je vais à Rouen, Paris, et Lyon*). *Je tâcherai* de *mériter et* d'*obtenir votre confiance. Il a voyagé* en *Asie,* en *Afrique, et* en *Amérique.*

172. Les autres prépositions ne se répètent que lorsque les substantifs n'ont aucune ressemblance de signification : Dans *la ville et* dans *la campagne. Il est* sous *mes yeux et* sous *ma main.* — Mais lorsque les subst. sont à-peu-près synonymes, la prép. ne se répète pas : *Dans l'oisiveté et l'indolence. Il est sous la garde et la protection des lois.*

Nota. En général, c'est le goût et l'oreille qui décident si les prépositions doivent être répétées ou sous-entendues.

Chapitre XIX. — *De l'Adverbe.*

173. Les mots *dessus, dessous, dedans, dehors, auparavant,* étant des adverbes, ne doivent pas avoir de régime; ainsi ne dites pas : Dessus *la table,* dedans *la chambre, j'arriverai* auparavant *vous;* dites : Sur *la table,* dans *la chambre, j'arriverai* avant *vous.*

174. Ne dites pas non plus : Aussitôt *mon arrivée;* dites : Aussitôt après *mon arrivée.*

175. *Alentour, auparavant, davantage,* ne peuvent être suivis ni du mot *de,* ni du mot *que;* ainsi ne dites pas : *Ils étaient* alentour de *lui;* dites : Autour de *lui;* ni : Auparavant qu'*il arrive;* dites : Avant qu'*il arrive;* ni : *Il a* davantage de *plaisir;* dites : *Il a* plus de *plaisir;* ni : *Il en a* davantage que *vous;* dites : *Il en a* plus que *vous;* etc.

176. L'adv. *davantage* ne doit pas s'employer pour *le plus;* ne dites pas : *De tous les arts, la musique est celui que j'aime* davantage; dites : *Que j'aime* le plus.

177. *Aussi* signifiant *pareillement* s'emploie dans les phrases affirmatives : *Je viendrai* aussi, *et moi* aussi. — *Non plus* s'emploie dans les phrases négatives : *Je ne viendrai pas* non plus, *ni moi* non plus.

178. On se sert des adv. *aussi, autant,* pour exprimer la comparaison : *César était* aussi *éloquent que brave; on l'admirait* autant *qu'on le craignait.* — On se sert des adv. *si, tant,* pour marquer l'extension : *Je ne le croyais*

pas si *faible, ni* tant *fatigué,* (ce serait une faute de dire : *Je ne le croyais pas* aussi *faible, ni* autant *fatigué.*)

179. L'adv. *aussi* ne se joint pas aux participes; ainsi ne dites pas : *Il est* aussi estimé *que chéri;* dites : *Il est* autant estimé *que chéri.*

180. L'adv. *si* ne doit pas modifier des locutions adverbiales; ainsi ne dites pas : *Il était* si *en peine,* si *à l'aise;* dites : *Il était* si fort *en peine,* si bien *à son aise.*

181. Ne confondez pas *de suite* avec *tout de suite. De suite* signifie *successivement, sans interruption : Il a travaillé deux heures* de suite. — *Tout de suite* signifie *sur-le-champ : Sortez* tout de suite.

182. *Tout-à-coup* et *tout d'un coup* offrent les différences suivantes : *Tout-à-coup* signifie *soudainement : Il se présenta à moi* tout-a-coup. — *Tout d'un coup* signifie *tout en une fois : Il fit sa fortune* tout d'un coup.

183. L'adv. *très* ne doit pas s'ajouter aux substantifs; ainsi ne dites pas : *J'ai* très-*faim,* très-*soif,* très-*peur;* dites : *J'ai* bien *faim, j'ai* extrêmement *soif, j'ai* grand' *peur.*

184. Voici des adverbes employés d'une manière vicieuse;

Ne dites pas :	Dites :
Venez *à bonne* heure.	Venez *de bonne* heure.
Venez *plus de bonne* heure.	Venez *de meilleure* heure.
Comme *de juste.*	Comme *de raison.*
Du jour *au lendemain.*	*D'un jour à l'autre.*
Ce livre *ici.*	Ce livre-*ci.*
Une fois pour *tout.*	Une fois pour *toutes.*
Il *pourra peut-être* réussir.	Il réussira *peut-être.*
Je *préfère plutôt* rester.	Je *préfère* rester.
Et puis ensuite il partit.	*Et puis* il partit.
Il n'a *seulement* qu'à parler.	Il n'a qu'à parler.
Dépêchez-vous *vite.*	*Dépêchez-vous.*
Un *petit* peu.	Un *peu.*
Il recula *en arrière.*	Il *recula.*
J'irai *tout de même.*	J'irai *aussi.*

EMPLOI DES NÉGATIONS.

185. Les conjonctions *à moins que, de peur que, de crainte que,* et le verbe *empêcher* exigent toujours après eux la négation *ne : A* moins que *vous* ne *veniez,* de peur que *vous* ne *vous trompiez,* de crainte qu'*on* ne *vous parle.* J'empêcherai *que vous* ne *sortiez.*

186. On emploie aussi la négation après *autre , autrement, — plus, mieux, moins,* formant un comparatif, — et les verbes *craindre, avoir peur, trembler, appréhender : Il est tout* AUTRE *qu'il* NE *le paraît, vous parlez* AUTREMENT *que vous* NE *pensez, il est* PLUS *instruit que vous* NE *le croyez. Je* CRAINS *qu'il* NE *se trompe.*

187. *Exception.* On supprime *ne,* quand le verbe précédent est accompagné d'une négation : *Il* N'EST PAS *tout autre qu'il le paraît. Vous* NE PARLEZ PAS *autrement que vous pensez. Il* N'EST PAS *plus instruit que vous le croyez. Je* NE CRAINS PAS *qu'il se trompe.*

188. On emploie la négation *ne* après les verbes *nier, désespérer, douter,* lorsque ces verbes sont eux-mêmes accompagnés d'une négation : *Je* NE NIE PAS *que cela* NE *soit,* etc.; mais si ces verbes sont employés affirmativement on supprime la négation *ne : Je* NIE *que cela soit,* etc.

189. Le pron. indéf. *rien* signifiant *nulle chose* exige la négation : *Je* NE *demande* RIEN. RIEN NE *l'a retenu.* — *Rien* signifiant *quelque chose* s'emploie sans négation : *Y a-t-il* RIEN *de plus beau que cela ?*

Nota. Quoique le mot *rien* signifie *nulle chose,* l'usage permet de supprimer la négation avec le verbe *compter : Il* COMPTE *pour* RIEN *les services qu'on lui rend.* — (Cependant il serait mieux de dire avec la négation : *Il* NE *compte pour* RIEN *les services qu'on lui rend.*)

190. Les conjonctions *avant que, sans que,* et le verbe *défendre,* ne doivent jamais être suivis de la négation *ne :* AVANT QUE *vous veniez.* SANS QUE *je vous le dise.* J'AI DÉFENDU *que vous vinssiez* (et non pas : AVANT QUE *vous* NE *veniez,* SANS QUE *je* NE *vous le dise,* J'AI DÉFENDU *que vous* NE *vinssiez.*

191. On ne doit pas employer *pas* ni *point,* quand il y a dans la phrase une expression dont le sens est négatif, comme *jamais, nul, nullement, personne, aucun, rien, ni* répété, *ne.... que,* signifiant seulement; ainsi ne dites pas : *Il ne faut* PAS JAMAIS *mal parler des absents;* dites : *Il ne faut jamais mal parler des absents.* Ne dites pas non plus : *Il ne passe* PAS AUCUN *jour sans venir me voir;* dites : *Il ne passe aucun jour,* etc.; ni : *Il ne sait* PAS RIEN *faire;* dites : *Il ne sait rien faire,* etc., etc.

CHAPITRE XX. — *De la Conjonction.*

192. On emploie *et* dans les phrases affirmatives : *Les hommes sèment* ET *moissonnent ;* et *ni* dans les phrases négatives : *Les oiseaux ne sèment* NI *ne moissonnent.* — Ainsi ne dites pas : *Il ne veut pas que j'aille vous voir,* ET *que je vous écrive ;* dites : *Il ne veut pas que j'aille vous voir,* NI *que je vous écrive.*

193. Lorsque *plus, mieux, moins, autant* sont placés au commencement de deux membres de phrase, il ne faut pas unir ces deux membres de phrase par la conj. *et ;* ainsi ne dites pas : PLUS *je bois* ET *plus j'ai soif ;* dites : *Plus je bois, plus j'ai soif ;* ni : *Plus je lis cet auteur* ET *moins je le comprends ;* dites : *Plus je lis cet auteur, moins je le comprends.*

194. *A cause que* et *malgré que* ne se disent plus ; on remplace *à cause que* par *parce que,* et *malgré que* par *quoique ;* ne dites donc pas : *Je n'ai pas pu venir,* A CAUSE QUE *j'ai été malade ;* dites : PARCE QUE *j'ai été malade ;* ni : *Il est très-instruit,* MALGRÉ QU'*il soit fort jeune ;* dites : QUOIQU'*il soit fort jeune.*

195. On emploie mal-à-propos *comme* au lieu de *que,* pour unir les 2 termes d'une comparaison ; ainsi ne dites pas : *J'arriverai aussitôt* COMME *vous ;* dites : *J'arriverai aussitôt* QUE *vous.*

CONCLUSION :

« Pour bien écrire, il faut surtout consulter les livres » qui sont bien écrits. »　　　　　(J.-J. ROUSSEAU.)

« Il n'y a de Grammairiens par excellence que les grands » écrivains. »

FIN DE LA GRAMMAIRE.

SUBSTANTIFS PROPRES

EMPLOYÉS COMME TERMES DE COMPARAISON.

(Voyez la 11ᵉ. règle d'orthographe, page 86.)

Un Aristide (c'est-à-dire un sage).
Un Apelle (= un peintre célèbre).
Un Aristippe = (un philosophe en crédit, riche).
Un Archimède (= un mécanicien, un géomètre célèbre).
Un Aristarque (= un critique judicieux, un commentateur).
Un Auguste (= un roi protecteur des arts et des lettres).
Un Achille (= un vaillant guerrier).
Un Antonin (= un bon roi, un bon prince).
Un Baron (= un bon acteur).
Un Bossuet (= un célèbre prédicateur).
Un Boileau (= un poète satirique).
Une Babylone (= une riche capitale).
Un Benjamin (= le fils chéri de sa famille).
Un Bourdaloue (= un célèbre prédicateur).
Un Caton (= un sage).
Un Caligula (= un tyran, un prince cruel).
Un Cicéron (= un bon orateur).
Un Condé (= un vaillant homme de guerre).
Un Catinat (= un vaillant homme de guerre).
Un Colbert (= un ministre habile).
Un Cotin (= un mauvais écrivain).
Un Démosthènes (= un bon orateur).
Un Duquesne (= un brave marin).
Un David (= un grand roi, — ou un grand peintre).
Un Esope (= un fabuliste célèbre, un philosophe pauvre).
Un Fléchier (= un célèbre prédicateur).
Un Fénélon (= un digne archevêque).
Un Gilbert (= un poète satirique).
Un Homère (= un poète épique, un philosophe pauvre).
Un Jean Barth (= un brave marin).
Un Juvénal (= un poète satirique.)
Un Joseph (= un ministre habile, intègre, éclairé).
Un La Fontaine (= un bon fabuliste).
Une Lucrèce (= une femme vertueuse).
Un Lycurgue (= un législateur).
Un Molière (= un bon poète comique).
Un Mécène (= un protecteur des lettres et des arts).
Un Massillon (= un célèbre prédicateur).
Un Marc-Aurèle (= un bon roi, un bon prince).

Une mégère (= une femme violente et furieuse).
Un Mentor (= un guide., un instituteur, un gouverneur).
Un Michel-Ange (= un peintre célèbre).
Un Nathan (= un ministre habile, intègre, éclairé).
Un Newton (= un grand géomètre).
Un Néron (= un tyran, un prince cruel).
Un Orphée (= un musicien habile).   [matiques].
Un OEdipe (= un homme qui devine les discours énig-
Un Pompée (= un conquérant, un vaillant capitaine).
Un Praxitèle (= un sculpteur habile).
Un Platon (= un philosophe en crédit, riche).
Un Pharaon (= un grand roi).
Une Pénélope (= une femme vertueuse).
Un Pradon (= un mauvais écrivain).
Un Raphaël (= un peintre habile).
Un Racine (= un bon poète tragique).
Un Rhuyter (= un brave marin).
Un Sénèque (= un sage).
Un Saumaise (= un critique judicieux, un commentateur).
Un Salomon (= un grand roi).
Un Socrate (= un sage).
Un Solon (= un législateur).
Un Sully (= un ministre intègre, habile).
Un Tacite (= un célèbre historien).
Un Talma (= un bon acteur).
Un Turenne (= un vaillant homme de guerre).
Un Thersite (= un homme difforme, un homme mépri-
Un Virgile (= un bon poète).   [sable].
Une Xantippe (= une femme d'une humeur fâcheuse et
Un Zopire (= un ministre dévoué).   [incommode].
Un Zoïle (= un critique passionné et jaloux).

SUBSTANTIFS COMPOSÉS,
AVEC LEURS DÉCOMPOSITIONS.
(Voyez la 12º. règle d'orthographe, page 86.)

Des arcs-en-ciel (c'est-à-dire des *arcs* qui sont *dans le ciel*).
Des avant-coureurs (= des objets *coureurs avant* un autre).
Un appui-main (= un *appui* pour la *main*).
Des appuis-main (= des *appuis* pour la *main*).
Des bouts-rimés (= des *bouts* de ligne qui sont *rimés*).
Des belles-de-nuit (= des fleurs qui ne sont *belles* que *de nuit*).
Un bec-figues (= un oiseau dont le *bec* pique les *figues*).
Des bec-figues (= des oiseaux dont le *bec* pique les *figues*).
Un blanc-seing (= un *seing* ou signature *en blanc*).
Des blanc-seings (= des *seings* ou signatures en *blanc*).

Un brèche-dents (= un homme qui a une *brèche* dans les *dents*).

Des brèche-dents (= des hommes qui ont une *brèche* dans les *dents*).

Des chefs-lieux (= des *lieux* qui sont les *chefs*, c.-à-d. les principaux).

Des chefs-d'œuvre (= des ouvrages qui sont les *chefs* de l'*œuvre*)

Un casse-tête (= un instrument qui *casse* la *tête*).

Des casse-tête (= des instruments qui *cassent* la *tête*).

Uu coq-à-l'âne (= un discours sans suite où l'on passe du *coq* à l'*âne*).

Des coq-à-l'âne (= des discours sans suite où l'on passe du *coq* à l'*âne*).

Des chiens-loups (= des *chiens* qui ressemblent à des *loups*).

Un contre-coup (= un *coup* dans la partie *contre* (opposée).

Des contre-coups (= des *coups* dans la partie *contre* (opposée).

Un coupe-jarrets (= un homme qui *coupe* les *jarrets*).

Des coupe-gorge (= des lieux où l'on *coupe* la *gorge*).

Une contre-vérité (= un discours qui est *contre* la *vérité*).

Des contre-vérité (= des discours qui sont *contre* la *vérité*).

Un caille-lait (= une plante qui *caille* le *lait*).

Des caille-lait (= des plantes qui *caillent* le *lait*).

Une chauve-souris (= une *souris* qui est *chauve*, c'est-à-dire qui a des ailes chauves, sans plumes).

Des chauves-souris (= des *souris* qui sont *chauves*).

Un char-à-bancs (= un *char* qui a des *bancs*).

Des chars-à-bancs (= des *chars* qui ont des *bancs*).

Des hôtels-dieu (= des *hôtels* consacrés à *Dieu*).

Un perce-neige (= une fleur qui *perce* la *neige*).

Des perce-neige (= des fleurs qui *percent* la *neige*).

Un porte-mouchettes (= un plateau qui *porte* les *mouchettes*).

Un porte-clefs (= un homme qui *porte* les *clefs*).

Un pied-à-terre (= un logement où l'on a seulement un *pied* à *terre*).

Des pied-à-terre (= des logements où l'on a seulement un *pied* à *terre*).

Un pour-boire (= une pièce de monnaie donnée *pour boire*).

Des pour-boire (= des pièces de monnaie données *pour boire*).

Un porc-épics (= un *porc* avec des *épics* (ou piquants).

Des porcs-épics (= des *porcs* avec des *épics* (ou piquants).

Un réveille-matin (= une horloge ou un objet qui *réveille* le *matin*).

Des réveille-matin (= des horloges ou des objets qui *réveillent* [le *matin*).

Un terre-plein (= un lieu *plein* de *terre*).

Des terre-pleins (= des lieux *pleins* de *terre*).

Un tête-à-tête (= un entretien où l'on est seul à seul, une *tête* avec une autre *tête*).

Des tête-à-tête (= des entretiens où l'on est seul à seul, une *tête* avec une autre *tête*).

Des vers-à-soie (= des *vers* qui font de la *soie*).

FIN DE L'APPENDICE.

TABLE DES MATIÈRES.

2ᵉ. *partie* : ANALYSE GRAMMATICALE.

1ʳᵉ. partie de l'Analyse : *Classification et Accidents des Mots.*

2ᵉ. partie de l'Analyse : *Rapports des mots entr'eux ou Fonctions des mots.*

3e. *partie* : ANALYSE LOGIQUE.

4e. *partie* : ORTHOGRAPHE DE PRINCIPES.

5e. *partie* : ORTHOLOGIE.

www.ingramcontent.com/pod-product-compliance
Lightning Source LLC
Chambersburg PA
CBHW071224290326
41931CB00037B/1964